JN087954

こねずに混ぜるだけ
やさしいパンづくり

梅田みどり＝著

ナツメ社

はじめに

パンを焼きはじめてから数十年がたちました。
最初は発酵がうまくいかず、失敗ばかりでしたが、
だんだんとコツがつかめてきて、食べたいパンが自由に焼けるようになりました。

子育てしながら仕事をしていたころは、毎日本当に忙しくて時間がなく、
それでも、家族には手作りのものを食べてもらいたくて、
どうしたら無理なく続けられるかと試行錯誤の日々でした。
そうしたなかで生み出したのが、
容器に入れた材料を混ぜるだけでパン生地が作れる方法です。
今回は、それに加え、発酵を冷蔵庫で行うオーバーナイト法（低温長時間発酵法）
といわれる生地作りをかけ合わせ、さらにパワーアップさせました。

この手法のいいところは、
生地の材料を混ぜて時間をおくことで、小麦粉の芯まで十分に吸水して、
しっとりみずみずしいパン生地ができること。
そして、最大の利点は、生地をこねる必要がないことです。
ふたつきの容器の中に材料を入れて混ぜるだけで、生地作りの工程は完了。
時間をかけて発酵させている間にグルテン膜がつながって、
弾力のあるのびる生地になります。
しかも、発酵時間が長いと、生地内の糖分が増えて甘みのあるパンが焼けます。

生地を冷蔵庫に入れたあとの続きは、いつでも都合のよいタイミングでどうぞ。
すき間時間で効率よくパンが作れるので、
まとまった時間がとれない人でも作りやすく、
忙しい毎日でも焼きたてパンを食べたい人にもおすすめです。

いつも冷蔵庫の片隅にパン生地があると、
ごはんを炊くようにパンを焼くことができ、パン作りのハードルが一気に下がります。

夕食の残りものを並べた朝に、どんなおかずにも合うシンプルな丸パン
ゆっくりと過ごせる休日のブランチに、やわらかいオムレツに合わせたバターロール
ドライブに出かける日には、コッペパンに好きなものをサンド
パン好きのあの人がきっと喜んでくれる、焼きたてのシナモンロール
ワインのおともに焼くパンは、ドライフルーツやナッツをたっぷり入れて

こんなふうに明日はどんなパンを焼こうかなと考えるのが楽しみになります。

忙しい日々を送るみなさんに、
私が習慣にしているパン作りの方法を役立ててもらえたら、
そしてパン作りがみなさんの楽しみになってもらえたらうれしいです。

梅田みどり

Contents

Part 1

シンプル × ソフト生地 のパン

Column

Column

オーブンなしでOK！フライパンパン

Part 2

シンプル × ハード生地 のパン

Column

サンドして楽しもう！①

Part 3

リッチ × ソフト生地 のパン

Column

サンドして楽しもう！②

Column

RULE この本の決まり

・大さじ1＝15㎖、小さじ1＝5㎖です。
・室温は20〜25℃を想定しています。
・発酵、ベンチタイムの時間は目安です。季節や気温によっても変わるので、生地の状態を見ながら判断してください。
・オーブンは一般的な電気オーブンを使用しています。あらかじめ指定の温度に予熱しておきます。温度や焼き時間は、オーブンの機種により差が生じることがあります。レシピの焼き時間を目安に、様子を見ながら加減してください。
・電子レンジの加熱時間は600Wの場合の目安です。500Wの場合は1.2倍を目安に加熱してください。ただし、機種によって違いがあるので、様子を見ながら調節してください。

この本のパンのいいところ

1.
こねなくて OK

台にドンドンと打ちつけたり、大きな動作で力を入れてこねたりする重労働な作業は必要ありません。こねずに粉をさっと混ぜるだけだから負担が少なく、手軽です。

2.
冷蔵庫発酵 だから 管理が楽

めんどうと思われがちな発酵ですが、この本のパンは冷蔵庫におかませ。生地をただ混ぜたらあとは冷蔵庫に入れればOKです。

> (Point) 冷蔵庫発酵のいいところ

- ・温度管理が楽
- ・時間に追われない
- ・夜に仕込めば、朝に焼きたてが食べられる
- ・生地が熟成して小麦のうまみが引き立つ
- ・2日間保存ができるから（→P108）好きなときに焼ける

3.
食べきれる
量が焼ける

作りやすい少量のレシピなので手軽に作れ、いつも焼きたてが食べられます。生地量が少ないと、成形のはじめと終わりで発酵の差が出にくいのも魅力。天板にのりきる量なので過発酵の心配もありません。たくさん焼きたいときは等倍にすればいいので楽に計算できます。

4.
すき間時間に
作れる

手軽に作ってもらえるようにと考えた方法なので、時間にとらわれずに作れます。一度に行う作業の負担も少ないので、夕食を作りながら生地を仕込んだり、洗いものついでに成形したり、ちょっとしたあき時間に作れます。

5.
小さな保存容器で
作れる

この本で使う容器は驚くほどコンパクト。冷蔵庫がパンパンで容器を入れるスペースがない人でも、思い立ったときに気負いなく気軽に挑戦できます。ほかにも、右ページで紹介している通り、メリットはたくさんあります。

1. 省スペースでできる

生地作りは保存容器の中で完結し、生地の分量も食べきれる量なので、作業スペースが少なくてすみます。

2. 台所が汚れない

生地は保存容器の中で作るので、粉が飛び散る心配がありません。また、生地はこねずに混ぜるだけなので、台所のあと片付けも楽です。

3. ふたつきだから管理がしやすい

発酵させるときにラップで覆う方法もありますが、ラップでは知らないうちに外れて生地が乾燥してしまう心配があります。保存容器なら、ふたがついているので安心です。ふたをすれば形が安定するので、冷蔵庫に入れやすいのも利点です。

4. 発酵具合がわかりやすい

パンの本では発酵具合を「2倍になるまでおく」などと表現することがありますが、保存容器なら高さで判断できるので目安がわかりやすいです。

発酵前 → 発酵後

保存容器の選び方

容量

600〜1000mlが適当。あまり小さすぎると混ぜにくいので注意。発酵するときに生地がふくらむので、それも考慮して選びましょう。

形

円筒形が混ぜやすくておすすめ。四角形でもOKですが、粉を混ぜるときに角に残りやすいので注意。ふたつきのものが便利です。

大きさ

高さが10〜15cmあるものを使ってください。容量が適当でも、高さが低いと粉が飛び散り、混ぜにくいためです。

この本で使っているのは
- 内径10.5cm
- 高さ11cm
- 容量730ml

材質

透明なものがおすすめ。発酵時のふくらみ具合がわかりやすく、裏に返せば気泡でも発酵の様子が確認できます。

この本のパンのいいところ

6.
生地の
種類は
3つだけ

シンプル×ソフト生地

シンプル×ハード生地

リッチ×ソフト生地

できあがりの風味の違いに応じて「シンプルな味でやわらかい生地」「シンプルな味で
かための生地」「甘めでやわらかい生地」の3つを紹介しています。この3つを覚えれば、
食パンもフランスパンもあんぱんも作れます。

3つの生地からこんなにアレンジが広がる!

この本で紹介する生地はたった3つですが、それをベースに少し手を加えると、同じ生地から作ったとは思えない、バラエティーに富んだパンが作れます。実は、パン屋さんもこうしてさまざまなパンを焼いているのです。どんな方法があるのか、見てみましょう。

形を変えて

丸形

山ふたつの丸形

細長い楕円形

切りっぱなし

三つ編み形

リング形

うず巻き形

型入れ＋山形

切り込みを入れて

1本

十字

格子

斜め

具を混ぜ込んで

ドライフルーツ

ナッツ

チーズ

豆

チョコレート

ベーコン

作りたいパンを見つけよう！

味とかたさで軸を分け、この本で紹介しているパンを分類しました。
好みのパンを探したいときに便利です。

プチフランス → P62

全粒粉のカンパーニュ → P56

ごぼうスティックパン → P72

リュスティック → P49

うぐいす豆のリュスティック → P54

フォカッチャ → P32

シンプルな味〈食事パン向き〉

プチパン → P15

ミニ食パン → P36

コッペパン → P80

バターロール → P86

丸パン → P75

白パン → P20

クランベリー
ヨーグルトパン → P22

ハード

ベーコンエピ → P70

明太フランス → P68

カリカリピザ → P34

ダブルチーズ
カンパーニュ → P58

チョコとアーモンドの
カンパーニュ → P60

リッチな味（おやつパン向き）

いちじくとクリームチーズの
プチパン → P26

チョコバナナ食パン → P40

オニオン
ブラックペッパー食パン → P42

くるみとレーズンの
プチパン → P24

あんぱん → P96　　シナモン
ロール → P98

もちもちピザ → P34

枝豆チーズ
スティック → P30

ソーセージパン → P88

ココアとオレンジピールの
三つ編みパン → P94

コーンマヨパン → P90　　ツナマヨパン → P90

メロンパン → P100

桜えびと青のりの
豆腐パン → P28

抹茶とホワイトチョコの
ちぎりパン → P102

ソフト

Part **1**

シンプル × ソフト生地 のパン

粉とイーストに、少しの砂糖と塩を合わせ、
そこに水分を加えるだけのシンプルな配合の生地です。
油脂を使わないので、
その分、粉の味をしっかり感じることができ、
パンらしい仕上がりが楽しめます。
焼く温度がやや低めなので、食感はソフトです。

Part1の基本となる、シンプルなパン。
外はパリッと香ばしく、中はむぎゅっとした食感で粉の味が楽しめます。
何度でも食べたくなる、たとえるなら、白いごはんのようなパンです。

プチパン

[材料（5個分）]

強力粉 … 150g
インスタントドライイースト … 小さじ½（2g）
砂糖 … 小さじ1（3g）
塩 … 小さじ½（3g）
ぬるま湯（40℃）… 105g

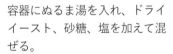

生地作り ⟶ **一次発酵**

発酵前

発酵後

1.

容器にぬるま湯を入れ、ドライ
イースト、砂糖、塩を加えて混
ぜる。

＊粉を混ぜる前にイーストを溶かすと
　生地全体に広がりやすく、こねなく
　ても発酵しやすくなる。イーストは
　水分を含むと活性化するので、冷蔵
　庫での発酵も進みやすい。

＊ぬるま湯の40℃とは、ぬるめのお
　風呂くらい。→ P108

2.

強力粉を加え、粉っぽさがな
くなるまでゴムべらで混ぜる。

3.

ふたをして冷蔵庫で8〜12時間、
2倍くらいの大きさになるまで
発酵させる。

＊発酵前の生地の上面ラインにテープ
　を貼ると、発酵状態がわかりやす
　い。→ P109

＊発酵前の生地はほんのり温かい状態
　（25℃くらい）がよい。冷たいときは
　室温に30分おいてから冷蔵庫へ。
　心配なときは1.5倍の大きさまで発
　酵させてから冷蔵庫へ入れるとよい。

Q ・冷蔵庫のどこに置くのがいい？
　　→ P108
　・指定の時間になっても生地がふくら
　　んでいないときは？→ P109
　・冷蔵庫で発酵させた生地はすぐに使
　　わないとだめ？→ P108

一次発酵	冷蔵庫（10℃前後）	8〜12時間
ベンチタイム	40℃（オーブンの発酵機能で）	15分
二次発酵	40℃（オーブンの発酵機能で）	30〜60分
焼成	200℃	15分

分割

4.

生地の表面に打ち粉（強力粉・分量外）をふり、生地と容器の間にゴムべらを差し込んで一周し、台にひっくり返す。自然に落ちてくるまで待ち、容器から取り出す。

5.

生地に打ち粉をふり、上から押して平らにし、半分に折りたたむ。これを4〜5回くり返す。

* 折りたたんでガス抜きをしつつ、グルテンの強化と生地のキメもととのえる。

* 何度か折りたたむのをくり返すことでグルテンが形成され、こねているのと同じような効果が得られる。

6.

同じ太さの棒状にし、カードで5等分に切る。

* 分割の個数が奇数のときは棒状にすると均等に分けやすい。偶数のときは棒状にせず、円形でよい。

大きさに違いがあるときは、大きいものを少しカードで切り、小さいものの断面にくっつける。

プチパン

丸め　　　　　　　　　　　　　　　　　　　ベンチタイム

7.

生地のきれいな面をのばして
広げ、裏側に生地を集めるよう
にして表面を張らせる。生地の
ふちを押さえて回しながら表
面を張らせるように丸め、底を
つまんでとじる。

8.

オーブンシートを敷いた天板に
並べ、平たくする（1cmくらいの
厚さ）。乾いた布をかけ、オーブ
ンの発酵機能（40℃）で15分休
ませる。

＊このあとの二次発酵をスムーズにす
るには、生地の温度が15℃以上で
あることが望ましい。そこで、生地
の中心まで温まりやすいように平
たくする。

 ・オーブンに発酵機能がないときは？
⊖ P109

発酵前

発酵後

9。

台に生地を置き、つぶしてガス抜きをしてから丸め直し、底をとじて天板に並べる。

＊丸め直すことで生地のキメがととのい、表面にぷつぷつした気泡ができにくくなる。

10。

乾いた布をかけ、オーブンの発酵機能（40℃）で30〜60分発酵させる。2倍の大きさになればOK。

Q ・指定の時間になっても生地がふくらんでいないときは？ P109

11。

表面に茶こしで打ち粉をふり、ナイフで切り込み（5mm深さ）を1本入れる。200℃に予熱したオーブンで15分焼く。

＊打ち粉をふると、ナイフに生地がつきにくい。

＊切り込みを入れると、パンの丸い形が保たれやすくなる。

＊切り込みは端まで入れるのがポイント。そうすると焼いたときにきれいに開く。

＊オーブンによって焼き色のつき方は違うので、12分以上焼いたら様子を見て、おいしそうな焼き色がついていたら取り出す。

Q ・焼きが足りないときは？ P110
　・焼けているかどうかがわかりません。 P110

白パン

焼き色がつかないように、
低温で焼くのがポイント。
むっちり、もっちりとした食感で、
非常にソフトです。

[材料（6個分）]

強力粉 … 150g
インスタントドライイースト … 小さじ½(2g)
砂糖 … 小さじ1(3g)
塩 … 小さじ½(3g)
ぬるま湯（40℃）… 105g

一次発酵	冷蔵庫（10℃前後）	8〜12時間
ベンチタイム	40℃（オーブンの発酵機能で）	15分
二次発酵	40℃（オーブンの発酵機能で）	30〜60分
焼成	160℃	12分

[作り方]

❶ 生地作り 容器にぬるま湯を入れ、ドライイースト、砂糖、塩を加えて混ぜる。
強力粉を加え、粉っぽさがなくなるまでゴムべらで混ぜる。

❷ 一次発酵 ふたをして冷蔵庫で8〜12時間、2倍くらいの大きさになるまで発酵させる。

❸ 分割 生地の表面に打ち粉（強力粉・分量外）をふり、生地と容器の間にゴムべらを差し込んで一周する。台にひっくり返し、容器から取り出す。
生地に打ち粉をふり、上から押して平らにし、半分に折りたたむ。これを4〜5回くり返す。円形にととのえ、カードで6等分に切る。

❹ 丸め 生地の表面を張らせるように丸め、底をつまんでとじる。

❺ ベンチタイム オーブンシートを敷いた天板に並べ、平たくする（1㎝くらいの厚さ）。乾いた布をかけ、オーブンの発酵機能（40℃）で15分休ませる。

❻ 成形 台に生地を置き、つぶしてガス抜きをしてから丸め直し、底をとじて天板に並べる。

❼ 二次発酵 乾いた布をかけ、オーブンの発酵機能（40℃）で30〜60分発酵させる。2倍の大きさになればOK。

❽ 焼く 中心に箸をあて、天板につくくらい深く押しつけてくぼみを作る（a）。
表面に茶こしで打ち粉をふり、160℃に予熱したオーブンで12分焼く。

a

クランベリーヨーグルトパン

水分にヨーグルトを加えると、
油脂なしでもしっとりした食感に。
やわらかな生地にクランベリーの
甘酸っぱさがよく合います。

[材料（6個分）]

強力粉 … 150g
インスタントドライイースト … 小さじ½(2g)
砂糖 … 小さじ1(3g)
塩 … 小さじ½(3g)
熱湯 … 55g
プレーンヨーグルト … 60g
ドライクランベリー … 40g

一次発酵	冷蔵庫（10℃前後）	8〜12時間
ベンチタイム	40℃（オーブンの発酵機能で）	15分
二次発酵	40℃（オーブンの発酵機能で）	30〜60分
焼成	170℃	12分

[下準備]

・クランベリーは熱湯をかけて表面のオイルを洗
　い流し、水気をふく。

[作り方]

❶ 　生地作り　 容器に熱湯を入れ、ヨーグルト
　を加えて混ぜ、適温（40℃）にする（a）。ドラ
　イイースト、砂糖、塩を加えて混ぜる。
　強力粉を加え、粉っぽさがなくなるまでゴム
　べらで混ぜる。

❷ 　一次発酵　 ふたをして冷蔵庫で8〜12時間、
　2倍くらいの大きさになるまで発酵させる。

❸ 　具の混ぜ込み　 生地にクランベリーを混ぜ込む
　（b）。

❹ 　分割　 生地の表面に打ち粉（強力粉・
　分量外）をふり、生地と容器の間にゴムべら
　を差し込んで一周する。台にひっくり返し、
　容器から取り出す。
　打ち粉をふって円形にととのえ、カードで6
　等分に切る。

❺ 　丸め　 生地の表面を張らせるように丸
　め、底をつまんでとじる。

❻ 　ベンチタイム　 オーブンシートを敷いた天板に
　並べ、平たくする（1cmくらいの厚さ）。乾いた
　布をかけ、オーブンの発酵機能（40℃）で15分
　休ませる。

❼ 　成形　 台に生地を置き、つぶしてガス
　抜きをしてから丸め直し、底をとじて天板に
　並べる。

❽ 　二次発酵　 乾いた布をかけ、オーブンの発
　酵機能（40℃）で30〜60分発酵させる。2倍
　の大きさになればOK。

❾ 　焼く　 170℃に予熱したオーブンで12
　分焼く。

くるみとレーズンのプチパン

人気の具を混ぜ込み、
香ばしさと甘酸っぱさをプラス。
最後にバターをのせると切り込みが開きやすく、
コクとほどよい塩気もつきます。

[材料（5個分）]

強力粉 … 150g
インスタントドライイースト … 小さじ½（2g）
砂糖 … 小さじ1（3g）
塩 … 小さじ½（3g）
ぬるま湯（40℃） … 105g
レーズン … 40g
くるみ … 40g
バター（有塩）… 20g

一次発酵	冷蔵庫（10℃前後）	8〜12時間
ベンチタイム	40℃（オーブンの発酵機能で）	15分
二次発酵	40℃（オーブンの発酵機能で）	30〜60分
焼成	200℃	15分

[下準備]

・レーズンはぬるま湯につけてふっくらするまで
　戻し、水気をふく。
・くるみは、180℃に設定したオーブンで予熱を
　せずに5分焼き、粗く刻む。
・バターは5mm幅の棒状に切って冷やしておく。

[作り方]

❶ （生地作り） 容器にぬるま湯を入れ、ドライ
イースト、砂糖、塩を加えて混ぜる。
強力粉を加え、粉っぽさがなくなるまでゴム
べらで混ぜる。

❷ （一次発酵） ふたをして冷蔵庫で8〜12時間、
2倍くらいの大きさになるまで発酵させる。

❸ （具の混ぜ込み） 生地にレーズンとくるみを混ぜ
込む。

❹ （分割） 生地の表面に打ち粉（強力粉・
分量外）をふり、生地と容器の間にゴムべら
を差し込んで一周する。台にひっくり返し、
容器から取り出す。
打ち粉をふって同じ太さの棒状にし、カード
で5等分に切る。

❺ （丸め） 生地の表面を張らせるように丸
め、底をつまんでとじる。

❻ （ベンチタイム） オーブンシートを敷いた天板に
並べ、平たくする（1cmくらいの厚さ）。乾いた
布をかけ、オーブンの発酵機能（40℃）で15分
休ませる。

❼ （成形） 台に生地を置き、左右を斜めに
折りたたむ（a）。角を手前に巻いて（b）、合
わせ目をつまんでとじる。軽く転がして、と
じ目をなじませる。
天板に並べ、生地の両端を指でつまむ（c）。

❽ （二次発酵） 乾いた布をかけ、オーブンの発
酵機能（40℃）で30〜60分発酵させる。2倍
の大きさになればOK。

❾ （焼く） 表面に茶こしで打ち粉をふり、ナ
イフで切り込みを1本入れ（5mm深さ）、バター
をのせる（d）。
200℃に予熱したオーブンで15分焼く。

いちじくとクリームチーズのプチパン

中に詰めたいちじくを
イメージするような見た目に成形しました。
相性のよいクリームチーズもいっしょに包んだ、
魅力的なパンです。

[材料（6個分）]

強力粉 … 150g

インスタントドライイースト … 小さじ½（2g）

砂糖 … 小さじ1（3g）

塩 … 小さじ½（3g）

ぬるま湯（40℃）… 105g

ドライいちじく … 60g

クリームチーズ … 50g

一次発酵	冷蔵庫（10℃前後）	8〜12時間
ベンチタイム	40℃（オーブンの発酵機能で）	15分
二次発酵	40℃（オーブンの発酵機能で）	30〜60分
焼成	200℃	15分

[下準備]

・いちじくは2cm角に切る。

・クリームチーズは6等分に切る。

[作り方]

❶ 生地作り 容器にぬるま湯を入れ、ドライ
イースト、砂糖、塩を加えて混ぜる。
強力粉を加え、粉っぽさがなくなるまでゴム
べらで混ぜる。

❷ 一次発酵 ふたをして冷蔵庫で8〜12時間、
2倍くらいの大きさになるまで発酵させる。

❸ 分割 生地の表面に打ち粉（強力粉・
分量外）をふり、生地と容器の間にゴムべら
を差し込んで一周する。台にひっくり返し、
容器から取り出す。
生地に打ち粉をふり、上から押して平らにし、
半分に折りたたむ。これを4〜5回くり返す。
円形にととのえ、カードで6等分に切る。

❹ 丸め 生地の表面を張らせるように丸
め、底をつまんでとじる。

❺ ベンチタイム オーブンシートを敷いた天板に
並べ、平たくする（1cmくらいの厚さ）。乾い
た布をかけ、オーブンの発酵機能（40℃）で
15分休ませる。

❻ 成形 台に生地を置き、直径7cmくら
いに手で押しのばす。いちじくとクリームチー
ズをのせ（a）、ふちを中央に寄せて包み（b）、
合わせ目をつまんでとじる（c）。表面に打ち粉
をたっぷりつけ（d）、とじた部分を茶巾絞りの
ようにねじる（e）。

❼ 二次発酵 天板に並べて乾いた布をかけ、
オーブンの発酵機能（40℃）で30〜60分発酵
させる。2倍の大きさになればOK。

❽ 焼く 200℃に予熱したオーブンで15
分焼く。

桜えびと青のりの豆腐パン

生地に豆腐を加えると、
しっとりとした食感のパンになります。
桜えびと青のりの色と風味を生かすために
低温で焼きましょう。

[材料（5個分）]

強力粉 … 150g
インスタントドライイースト … 小さじ½(2g)
砂糖 … 小さじ1(3g)
塩 … 小さじ½(3g)
熱湯 … 50g
絹ごし豆腐 … 90g
桜えび(乾燥) … 10g
青のり … 小さじ2

一次発酵	冷蔵庫(10℃前後)	8〜12時間
ベンチタイム	40℃(オーブンの発酵機能で)	15分
二次発酵	40℃(オーブンの発酵機能で)	30〜60分
焼成	170℃	12分

[作り方]

❶ 生地作り 容器に豆腐を入れてペースト状
にし（a）、熱湯を加えて適温（40℃）にする。
ドライイースト、砂糖、塩を加えて混ぜる。
強力粉を加え、粉っぽさがなくなるまでゴム
べらで混ぜる。

❷ 一次発酵 ふたをして冷蔵庫で8〜12時間、
2倍くらいの大きさになるまで発酵させる。

❸ 具の混ぜ込み 生地に桜えびと青のりを混ぜ
込む。

❹ 分割 生地の表面に打ち粉（強力粉・
分量外）をふり、生地と容器の間にゴムべら
を差し込んで一周する。台にひっくり返し、
容器から取り出す。
打ち粉をふって同じ太さの棒状にし、カード
で5等分に切る。

❺ 丸め 生地の表面を張らせるように丸
め、底をつまんでとじる。

❻ ベンチタイム オーブンシートを敷いた天板に
並べ、平たくする（1㎝くらいの厚さ）。乾いた
布をかけ、オーブンの発酵機能（40℃）で15分
休ませる。

❼ 成形 台に生地を置き、手前⅓を折り、
向こう側⅓をかぶせる（b）。真ん中にくぼみ
をつけてから（c）、さらに半分に折って合わ
せ目をつまんでとじる（d）。転がして12〜
13㎝長さに形をととのえる。

❽ 二次発酵 天板に並べて乾いた布をかけ、
オーブンの発酵機能（40℃）で30〜60分発酵
させる。2倍の大きさになればOK。

❾ 焼く 170℃に予熱したオーブンで12
分焼く。

枝豆チーズスティック

枝豆×チーズ×ベーコンで、
塩気とうまみ、コク、プチプチ食感をプラス。
棒状の形が口に運びやすく、
次々手が伸びます。

[材料（5個分）]

強力粉 … 150g
インスタントドライイースト … 小さじ½（2g）
砂糖 … 小さじ1（3g）
塩 … 小さじ½（3g）
ぬるま湯（40℃）… 105g
枝豆（むき実）… 50g
ベーコン … 30g
ピザ用チーズ … 40g

一次発酵	冷蔵庫（10℃前後）	8〜12時間
ベンチタイム	40℃（オーブンの発酵機能で）	15分
二次発酵	40℃（オーブンの発酵機能で）	30〜60分
焼成	180℃	15分

[下準備]

・ベーコンは細切りにする。

[作り方]

❶ 〔 生地作り 〕容器にぬるま湯を入れ、ドライ
イースト、砂糖、塩を加えて混ぜる。
強力粉を加え、粉っぽさがなくなるまでゴム
べらで混ぜる。

❷ 〔 一次発酵 〕ふたをして冷蔵庫で8〜12時間、
2倍くらいの大きさになるまで発酵させる。

❸ 〔 具の混ぜ込み 〕生地に枝豆とベーコン、チーズ
を混ぜ込む。

❹ 〔 分割 〕生地の表面に打ち粉（強力粉・
分量外）をふり、生地と容器の間にゴムべら
を差し込んで一周する。台にひっくり返し、
容器から取り出す。
打ち粉をふって手で15cm四方に押しのばし、
5等分の棒状に切る（a）。

❺ 〔 ベンチタイム 〕オーブンシートを敷いた天板に
並べ、乾いた布をかけ、オーブンの発酵機能
（40℃）で15分休ませる。

❻ 〔 成形 〕生地の両端を持ち、片手は固定
したままで3〜4回ねじる（b）。

❼ 〔 二次発酵 〕乾いた布をかけ、オーブンの発
酵機能（40℃）で30〜60分発酵させる。2倍
の大きさになればOK。

❽ 〔 焼く 〕180℃に予熱したオーブンで15
分焼く。

フォカッチャ

これを覚えておけばOKの
基本となるフォカッチャです。
ときどき口にあたる塩が
生地のおいしさを引き立てます。

[材料（15×15cm1個分）]

強力粉 … 150g

インスタントドライイースト … 小さじ½（2g）

砂糖 … 小さじ1（3g）

塩 … 小さじ½（3g）

ぬるま湯（40℃）… 105g

オリーブオイル … 大さじ2

岩塩 … 小さじ1

一次発酵	冷蔵庫（10℃前後）	8〜12時間
ベンチタイム	40℃（オーブンの発酵機能で）	30分
焼成	200℃	15分

[作り方]

❶ 　生地作り　 容器にぬるま湯を入れ、ドライ
イースト、砂糖、塩を加えて混ぜる。
強力粉を加え、粉っぽさがなくなるまでゴム
べらで混ぜる。

❷ 　一次発酵　 ふたをして冷蔵庫で8〜12時間、
2倍くらいの大きさになるまで発酵させる。

❸ 　成形　 生地の表面に打ち粉（強力粉・
分量外）をふり、生地と容器の間にゴムべら
を差し込んで一周する。台にひっくり返し、
容器から取り出す。
四隅を引っ張りながら20×20cmにのばす
（a）。
手前から半分に折り（b）、さらに半分に折っ
て四角形にする（c）。

❹ 　ベンチタイム　 オーブンシートを敷いた天板に
のせ、手で厚さを均等にする（2cmくらいの
厚さ）。乾いた布をかけ、オーブンの発酵機
能（40℃）で30分休ませる。

❺ 　焼く　 生地に指を差し込み、くぼみを
9個つける（d）。
くぼみにオリーブオイルを注ぎ入れ、生地全
体に塗り広げる。岩塩を散らす。
200℃に予熱したオーブンで15分焼く。

もちもちピザ

もちっとした部分が味わえるよう耳を作り、
生地を厚めにのばします。
トマトソースは電子レンジで作れる
手軽なレシピです。

カリカリピザ

生地をごく薄くのばし、カリッとクリスピーに焼きあげます。
しらすの塩気とのりの風味が、軽い生地にマッチしています。

[材料（直径25cm1枚分）]

強力粉 … 150g

インスタントドライイースト … 小さじ½（2g）

砂糖 … 小さじ1（3g）

塩 … 小さじ½（3g）

ぬるま湯（40℃）… 105g

トマトソース

　トマトの水煮（缶詰・カットタイプ）… 60g

　オリーブオイル … 小さじ2

　にんにく（すりおろし）… 小さじ½

　塩 … 小さじ½

　ドライハーブ

　　（バジル、オレガノ、タイムなど）… 小さじ½

モッツァレラチーズ … 90g

バジルの葉 … 4枚

[下準備]

・トマトソースの材料を耐熱容器に入れて混ぜ、
　ラップをかぶせて電子レンジで2分加熱する。

・モッツァレラチーズは1cm幅に切る。

一次発酵	冷蔵庫（10℃前後）	8～12時間
ベンチタイム	40℃（オーブンの発酵機能で）	30分
焼成	210℃	15分

[作り方]

❶ 　生地作り　 容器にぬるま湯を入れ、ドライ
イースト、砂糖、塩を加えて混ぜる。
強力粉を加え、粉っぽさがなくなるまでゴム
べらで混ぜる。

❷ 　一次発酵　 ふたをして冷蔵庫で8～12時間、
2倍くらいの大きさになるまで発酵させる。

❸ 　丸め　 生地の表面に打ち粉（強力粉・
分量外）をふり、生地と容器の間にゴムべら
を差し込んで一周する。台にひっくり返し、
容器から取り出す。
生地に打ち粉をふり、表面を張らせるように
しながら台の上で回転させ、丸く形をととの
える。底はとじなくてよい。

❹ 　ベンチタイム　 オーブンシートを敷いた天板に
のせ、平たくする（2cmくらいの厚さ）。乾い
た布をかけ、オーブンの発酵機能（40℃）で
30分休ませる。

❺ 　成形　 生地の中心から手で少しずつ押
し広げ、ふちを2cmほど残して直径25cmの円
形にのばす（a）。

トマトソースを塗り、モ
ッツァレラチーズをのせ
る。

❻ 　焼く　 210℃に予
熱したオーブンで15分
焼く。焼きあがったらバ
ジルの葉をのせる。

[材料（25×30cm1枚分）]

強力粉 … 150g

インスタントドライイースト … 小さじ½（2g）

砂糖 … 小さじ1（3g）

塩 … 小さじ½（3g）

ぬるま湯（40℃）… 105g

オリーブオイル … 大さじ2

しらす干し … 30g

白いりごま … 大さじ2

ピザ用チーズ … 40g

刻みのり … 20g

一次発酵	冷蔵庫（10℃前後）	8～12時間
焼成	210℃	13分

[作り方]

❶ 　生地作り　 　一次発酵　 もちもちピザの①～
②、③の生地を取り出すところまで同様にする。

❷ 　成形　 生地に打ち粉をふり、手で四角
形に押し広げ、めん棒で3mmくらいの厚さにの
ばす。四隅を引っ張って形をととのえる（b）。

❸ 　焼く　 オーブンシ
ートを敷いた天板にの
せてもう一度形をととのえ
る。オリーブオイルを塗り、
しらすとごま、チーズを散
らす。

210℃に予熱したオーブ
ンで13分焼く。焼きあが
ったらのりを散らす。

ミニ食パン

あこがれの食パンを、
パウンド型を使って作りましょう。
サイズが小さいので、1枚目はそのまま、
2枚目はジャムを塗ってと楽しみも2倍！

[材料（縦8×横17.5×高さ6cm、
　容量600mlのパウンド型1台分）]

強力粉 … 150g
インスタントドライイースト … 小さじ½（2g）
砂糖 … 小さじ1（3g）
塩 … 小さじ½（3g）
ぬるま湯（40℃）… 105g

一次発酵	冷蔵庫（10℃前後）	8〜12時間
ベンチタイム	40℃（オーブンの発酵機能で）	15分
二次発酵	40℃（オーブンの発酵機能で）	45〜60分
焼成	200℃	20分

[下準備]

・型に油を塗る。

[作り方]

❶ 生地作り 容器にぬるま湯を入れ、ドライ
イースト、砂糖、塩を加えて混ぜる。
強力粉を加え、粉っぽさがなくなるまでゴム
べらで混ぜる。

❷ 一次発酵 ふたをして冷蔵庫で8〜12時間、
2倍くらいの大きさになるまで発酵させる。

❸ 分割 生地の表面に打ち粉（強力粉・
分量外）をふり、生地と容器の間にゴムべら
を差し込んで一周する。台にひっくり返し、
容器から取り出す。
生地に打ち粉をふり、上から押して平らにし、
半分に折りたたむ。これを4〜5回くり返す。
形をととのえ、カードで2等分に切る。

❹ 丸め 生地の表面を張らせるように丸
め、底をつまんでとじる。

❺ ベンチタイム オーブンシートを敷いた天板に
並べ、平たくする（2cmくらいの厚さ）。乾い
た布をかけ、オーブンの発酵機能（40℃）で
15分休ませる。

❻ 成形 台に生地を置き、めん棒で15×
20cmにのばす（a）。生地の四隅を軽く引っ張っ
て角を作る。
手前⅓を折り、向こう側⅓をかぶせる（b）。縦
長に向きを変え、手前から巻く（c）。

❼ 二次発酵 型の両端に、巻き終わりを下に
して生地を入れる。生地の表面を押し、高さ
をそろえる（d）。乾いた布をかけ、オーブン
の発酵機能（40℃）で45〜60分発酵させる。
3倍の大きさになればOK。

❽ 焼く 200℃に予熱したオーブンで20
分焼く。

いろいろな型で焼いてみよう!

食パンの型はおろか、パウンド型もないなんて人でも大丈夫。
家庭にある、身近なあれやこれが型として使えます。
型を変えて、生地の形を変えて、楽しみましょう!

小さく成形してちぎりパンに

← ホーロー容器で

焼き時間の目安:190℃で20分

小さな容器で1人分

ココットで →

焼き時間の目安:190℃で15分

かぼちゃみたいな焼きあがり！

グラタン皿で
←
焼き時間の目安：200℃で18分

縦にふくれて山型食パン風に

あき缶で
↗
焼き時間の目安：200℃で20分

(Advice) 型の選び方と注意点

耐熱性のものなら、どんな容器でもOKです。大きさは、生地を入れたあと、半分くらいあきができるくらいのものを使ってください。型には油を塗るか、オーブンシートを敷いてから生地を入れましょう。

チョコバナナ食パン

黄金コンビをたっぷり巻き込むから、
どこを切ってもバナナとチョコ！
ぜいたくな味わいで、
誰もが好きな大人気のパンです。

[材料（縦8×横17.5×高さ6cm、
　容量600mℓのパウンド型1台分）]

強力粉 … 150g
インスタントドライイースト … 小さじ½（2g）
砂糖 … 小さじ1（3g）
塩 … 小さじ½（3g）
ぬるま湯（40℃）… 105g
バナナ … 90g
チョコチップ … 40g

[作り方]

❶ 生地作り 容器にぬるま湯を入れ、ドライ
イースト、砂糖、塩を加えて混ぜる。
強力粉を加え、粉っぽさがなくなるまでゴム
べらで混ぜる。

❷ 一次発酵 ふたをして冷蔵庫で8〜12時間、
2倍くらいの大きさになるまで発酵させる。

❸ 丸め 生地の表面に打ち粉（強力粉・
分量外）をふり、生地と容器の間にゴムべら
を差し込んで一周する。台にひっくり返し、
容器から取り出す。
生地に打ち粉をふり、上から押して平らにし、
半分に折りたたむ。これを4〜5回くり返す。
表面を張らせるようにしながら台の上で回
転させて丸く形をととのえ、底をつまんでと
じる。

❹ ベンチタイム オーブンシートを敷いた天板に
のせ、平たくする（2cmくらいの厚さ）。乾い
た布をかけ、オーブンの発酵機能（40℃）で
15分休ませる。

[下準備]

・バナナは縦半分に切って、1cm幅に切る。
・型に油を塗る。

一次発酵	冷蔵庫（10℃前後）	8〜12時間
ベンチタイム	40℃（オーブンの発酵機能で）	15分
二次発酵	40℃（オーブンの発酵機能で）	45〜60分
焼成	200℃	20分

❺ 成形 台に生地を置き、めん棒で15×
25cmにのばす。生地の四隅を軽く引っ張っ
て角を作る。
手前を⅓あけて、バナナ、チョコチップの順
に均等にのせる（a）。
手前⅓を折り（b）、同じ幅で向こう側に折る。
縦長に向きを変え、表面を軽く押して形をと
とのえ、手前から巻く（c）。

❻ 二次発酵 巻き終わりを下にして型に入れ
る。生地の表面を押して平らにする（d）。
乾いた布をかけ、オーブンの発酵機能（40℃）
で45〜60分発酵させる。3倍の大きさになれ
ばOK。

❼ 焼く 200℃に予熱したオーブンで20
分焼く。

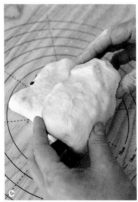

オニオンブラックペッパー食パン

炒めた玉ねぎの香ばしさと、
甘み、コクが存分に味わえます。
うず巻きを上にして型に入れ、
焼きあがりの形の違いも楽しんでください。

[材料（縦8×横17.5×高さ6cm、
　　容量600mlのパウンド型1台分）]

強力粉 … 150g
インスタントドライイースト … 小さじ½（2g）
砂糖 … 小さじ1（3g）
塩 … 小さじ½（3g）
ぬるま湯（40℃）… 105g
玉ねぎ … 200g
バター … 20g
塩 … 小さじ½
溶き卵（仕上げ用）… 大さじ1
粗びき黒こしょう … 適量

[下準備]

・玉ねぎは薄切りにし、バターを溶かしたフライパ
　ンに入れて塩をふり、薄茶色になるまで炒める。
・型に油を塗る。

一次発酵	冷蔵庫（10℃前後）	8〜12時間
ベンチタイム	40℃（オーブンの発酵機能で）	15分
二次発酵	40℃（オーブンの発酵機能で）	45〜60分
焼成	200℃	20分

[作り方]

❶ 【 生地作り 】容器にぬるま湯を入れ、ドライ
イースト、砂糖、塩を加えて混ぜる。
強力粉を加え、粉っぽさがなくなるまでゴム
べらで混ぜる。

❷ 【 一次発酵 】ふたをして冷蔵庫で8〜12時間、
2倍くらいの大きさになるまで発酵させる。

❸ 【 丸め 】生地の表面に打ち粉（強力粉・
分量外）をふり、生地と容器の間にゴムべら
を差し込んで一周する。台にひっくり返し、
容器から取り出す。
生地に打ち粉をふり、上から押して平らにし、
半分に折りたたむ。これを4〜5回くり返す。
表面を張らせるようにしながら台の上で回転さ
せて丸く形をととのえ、底をつまんでとじる。

❹ 【 ベンチタイム 】オーブンシートを敷いた天板に
のせ、平たくする（2cmくらいの厚さ）。乾い
た布をかけ、オーブンの発酵機能（40℃）で
15分休ませる。

❺ 【 成形 】台に生地を置き、めん棒で15×
30cmにのばす。生地の四隅を軽く引っ張っ
て角を作る。
向こう側を2cmあけて、炒めた玉ねぎを均等に
広げる（a）。
手前の生地を1cm折って芯にし、まずは右半
分を2〜3回巻き、続けて左半分を2〜3回巻
き、V字形になるように巻いていく（b）。同
様にして左右に交互に巻く。
巻き終えたら、両端を押して太さをととのえる。

❻ 【 分割 】カードで3等分に切る（c）。

❼ 【 二次発酵 】生地の断面を上にして型に入れ
る。生地の表面を押し、高さをそろえる（d）。
乾いた布をかけ、オーブンの発酵機能（40℃）
で45〜60分発酵させる。3倍の大きさになれ
ばOK。

❽ 【 焼く 】生地の表面に溶き卵を塗り、黒
こしょうをふる。200℃に予熱したオーブン
で20分焼く。

オーブンなしでOK！ フライパンパン

フライパンを使って焼くパンを紹介します。
オーブンがなくても作れるので、
気軽に挑戦してください。

そのままドーン！

カリカリチーズパン

[材料（直径24cmのフライパン1枚分）]
強力粉 … 150g
インスタントドライイースト … 小さじ½(2g)
砂糖 … 小さじ1(3g)
塩 … 小さじ½(3g)
ぬるま湯（40℃）… 105g
オリーブオイル … 小さじ2
ピザ用チーズ … 100g

[作り方]

❶ 　生地作り　　一次発酵　 P16の①〜③と同様にして生地を作る。

❷ 　成形　 フライパンに、オリーブオイルをひく。
生地の表面に打ち粉（強力粉・分量外）をふって容器ごとひっくり返し、フライパンに取り出す。手で少しずつ生地を広げて円形にのばす（a）。

❸ 　二次発酵　 ふたをして中火にかけ、フライパンが（熱いけれどさわれるくらい）温まったら、火を止めて15分おく。

❹ 　焼く　 チーズをのせ、手で軽く押し込みながら生地を広げる（b）。
ふたをして中火で5分焼き、返して5分焼く。

カリッとカラメル状になった部分がおいしさのポイント

シナモンシュガーパン

[材料（6個分）]

強力粉 … 150g

インスタント
　ドライイースト
　… 小さじ½（2g）

砂糖 … 小さじ1（3g）

塩 … 小さじ½（3g）

ぬるま湯（40℃）… 105g

バター … 20g

グラニュー糖 … 大さじ1

シナモンパウダー … 小さじ1

[作り方]

❶ 　生地作り　 　一次発酵　 P16の①〜③と同
様にして生地を作る。

❷ 　形のととのえ　 フライパンにバターを入れて中火
にかけ、溶けたら火を止める。
生地の表面に打ち粉（強力粉・分量外）をふっ
て容器ごとひっくり返し、フライパンに取り出す。
手で少しずつ生地を広げて円形にのばす。

❸ 　二次発酵　 ふたをして中火にかけ、フライ
パンが（熱いけれどさわれるくらい）温まっ
たら、火を止めて15分おく。

❹ 　分割　 カードで6等分に切り分け（a）、
グラニュー糖とシナモンパウダーをふりかけ、
全体にからめる。

❺ 　焼く　 ふたをして弱めの中火で5分焼
き、返して5分焼く。

ざっくり
カット！

a

両面を香ばしく焼いた、お焼きのようなパンです

平焼きさつまいもパン

[材料（6個分）]

強力粉 … 150g
インスタントドライイースト … 小さじ½（2g）
砂糖 … 小さじ1（3g）
塩 … 小さじ½（3g）
ぬるま湯（40℃） … 105g
さつまいも … 120g
黒いりごま … 大さじ1

[下準備]

・さつまいもは1cm厚さに切り、やわらかくなる
　まで加熱する。

包んで
焼く！

[作り方]

❶ 〔 生地作り 〕 〔 一次発酵 〕 P16の①〜③と同
様にして生地を作る。

❷ 〔 具の混ぜ込み 〕 生地にごまを混ぜ込む。

❸ 〔 分割 〕 生地の表面に打ち粉（強力粉・
分量外）をふって容器ごとひっくり返し、台
に取り出す。円形にととのえ、カードで6等
分に切る。

❹ 〔 成形 〕 生地の表面を張らせるように丸
め、手で平たくのばす。
さつまいもをのせ、まわりの生地を真ん中に寄
せて包み（a）、合わせ目をつまんでとじる。

❺ 〔 二次発酵 〕 オーブンシートを敷いたフライパ
ンに、とじ目を下にして並べる。
ふたをして中火にかけ、フライパンが（熱いけ
れどさわれるくらい）温まったら、火を止めて
15分おく。

❻ 〔 焼く 〕 ふたをして中火で5分焼き、返し
て5分焼く。

Part **2**

シンプル
×
ハード生地
のパン

Part1と同様に油脂の入らない生地ですが、
水分が多めで、焼く温度が高温なので、
中はもっちり、外はパリッとした香ばしさが楽しめます。
実は、冷蔵庫発酵にもっとも適した生地で、
じっくり発酵させることで熟成して粉のうまみが増します。

リュスティック

成形なし、切りっぱなしでOKの、Part2の基本となるパン。
外の皮はかたすぎない焼きあがりで食べやすく、
水分が多めなので、中はややしっとりでむっちりした食感です。

リュスティック

[材料（6個分）]

強力粉 … 150g
インスタントドライイースト … 小さじ½(2g)
砂糖 … 小さじ½(2g)
塩 … 小さじ½(3g)
ぬるま湯（40℃）… 110〜120g

生地作り　　　　　　　　　　　　　　　　　　　　　　　一次発酵

発酵前

発酵後

1.
容器にぬるま湯を入れ、ドライ
イースト、砂糖、塩を加えて混
ぜる。

* 粉を混ぜる前にイーストを溶かすと
生地全体に広がりやすく、こねなく
ても発酵しやすくなる。イーストは
水分を含むと活性化するので、冷蔵
庫での発酵も進みやすい。

* ぬるま湯の40℃とは、ぬるめのお
風呂くらい。→P108

2.
強力粉を加え、粉っぽさがな
くなるまでゴムべらで混ぜる。

3.
ふたをして冷蔵庫で8〜12時間、
2倍くらいの大きさになるまで
発酵させる。

* 発酵前の生地の上面ラインにテープ
を貼ると、発酵状態がわかりやす
い。→P109

* 発酵前の生地はほんのり温かい状態
（25℃くらい）がよい。冷たいときは
室温に30分おいてから冷蔵庫へ。
心配なときは1.5倍の大きさまで発
酵させてから冷蔵庫へ入れるとよい。

 ・冷蔵庫のどこに置くのがいい？
　→P108

・指定の時間になっても生地がふくら
んでいないときは？→P109

・冷蔵庫で発酵させた生地はすぐに使
わないとだめ？→P108

一次発酵	冷蔵庫（10℃前後）	8〜12時間
ベンチタイム	40℃（オーブンの発酵機能で）	30分
焼成	210℃	15分

> 分割

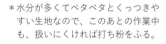

4。

生地の表面に打ち粉（強力粉・分量外）をふる。

> ＊水分が多くてベタベタとくっつきやすい生地なので、このあとの作業中も、扱いにくければ打ち粉をふる。

5。

生地と容器の間にゴムべらを差し込んで一周し、生地をはがす。

6。

オーブンシートを敷いた天板に容器をひっくり返す。自然に落ちてくるまで待ち、容器をそっと持ち上げて生地を取り出す。

リュスティック

分割

7.
生地の表面に打ち粉をたっぷりふる。

8.
そっとたたくようにしながら、厚さ2cmくらいの円形にのばす。

9.
カードで6等分に切る。

* 大きい気泡は焼いたパンの生地内に大きな空洞ができる原因になるが、強く押して気泡を押し出す必要はない。赤ちゃんをあやすようなイメージで、ぽんぽんとやさしくたたいて広げ、気泡をつぶしすぎないようにするのがコツ。

* 冷蔵庫から出したての生地の温度は7〜8℃。このあとの二次発酵をスムーズにするためには15℃以上であることが望ましい。平たくすると、生地の中心まで温まりやすくなる。

ベンチタイム前

ベンチタイム後

10.

カードを生地の底に当てて手で
そっとずらし、生地同士の間隔
をあける。

乾いた布をかけ、オーブンの発
酵機能（40℃）で30分休ませる。

11.

210℃に予熱したオーブンで15
分焼く。

＊ベンチタイム後は、前よりも若干ふ
　くらんで生地が少しゆるむくらい。
　大きな変化は見られないが、それで
　焼いてよい。

＊オーブンによって焼き色のつき方は
　違うので、12分以上焼いたら様子
　を見て、おいしそうな焼き色がつい
　ていたら取り出す。

Q ・焼きが足りないときは？ ⊙P110
　・焼けているかどうかがわかりませ
　　ん。⊙P110

うぐいす豆のリュスティック

もっちりしたシンプルな生地に
うぐいす豆の甘みがアクセント。
好きな甘納豆に変えたり、
数種類入れたりのアレンジもできます。

[材料（6個分）]

強力粉 … 150g

インスタントドライイースト … 小さじ½(2g)

砂糖 … 小さじ½(2g)

塩 … 小さじ½(3g)

ぬるま湯（40℃）… 120g

甘納豆（うぐいす豆）… 90g

一次発酵	冷蔵庫(10℃前後)	8～12時間
ベンチタイム	40℃（オーブンの発酵機能で）	30分
焼成	210℃	15分

[作り方]

❶ 　生地作り　 容器にぬるま湯を入れ、ドライイースト、砂糖、塩を加えて混ぜる。
強力粉を加え、粉っぽさがなくなるまでゴムべらで混ぜる。

❷ 　一次発酵　 ふたをして冷蔵庫で8～12時間、2倍くらいの大きさになるまで発酵させる。

❸ 　具の混ぜ込み　 生地に甘納豆を混ぜ込む（a）。

❹ 　分割　 生地の表面に打ち粉（強力粉・分量外）をたっぷりふり、生地と容器の間にゴムべらを差し込んで一周する。オーブンシートを敷いた天板にひっくり返し、容器から取り出す。
生地に打ち粉をたっぷりふり、手で2cmくらいの厚さにととのえる。
カードで6等分に切り（b）、生地同士の間隔をあける。

❺ 　ベンチタイム　 乾いた布をかけ、オーブンの発酵機能（40℃）で30分休ませる。

❻ 　焼く　 210℃に予熱したオーブンで15分焼く。

全粒粉のカンパーニュ

シンプルな生地に全粒粉を足して、
素朴で味わい深い仕上がりに。
あこがれのカンパーニュを
家庭で簡単に作れる方法で再現しました。

[材料（1個分）]

強力粉 … 120g

全粒粉 … 30g

インスタントドライイースト … 小さじ½（2g）

砂糖 … 小さじ½（2g）

塩 … 小さじ½（3g）

ぬるま湯（40℃）… 120g

一次発酵	冷蔵庫（10℃前後）	8〜12時間
二次発酵	40℃（オーブンの発酵機能で）	60分
焼成	220℃	20分

[作り方]

❶ 　生地作り　 容器にぬるま湯を入れ、ドライイースト、砂糖、塩を加えて混ぜる。
強力粉と全粒粉を加え、粉っぽさがなくなるまでゴムべらで混ぜる。

❷ 　一次発酵　 ふたをして冷蔵庫で8〜12時間、2倍くらいの大きさになるまで発酵させる。

❸ 　成形　 生地の表面に打ち粉（強力粉・分量外）をたっぷりふり、生地と容器の間にゴムべらを差し込んで一周する。台にひっくり返し、容器から取り出す。
生地のふちを中心に寄せ（a）、合わせ目をつまんでとじる（b）。
上下を返し、表面を張らせるようにしながら台の上で回転させ、丸く形をととのえる。

❹ 　二次発酵　 オーブンシートを敷いた天板にのせ、平たくする（2cmくらいの厚さ）。乾いた布をかけ、オーブンの発酵機能（40℃）で60分発酵させる。

❺ 　焼く　 表面に茶こしで打ち粉をふり、ナイフで切り込み（1cm深さ）を十字に入れる（c）。
220℃に予熱したオーブンで20分焼く。

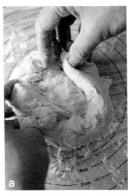

ダブルチーズカンパーニュ

中のチーズはねっとりやわらかく、
外はカリカリ香ばしい。
素朴な生地だからこそ、
濃厚なチーズとの相性がばっちりです。

[材料（1個分）]

強力粉 … 150g
インスタントドライイースト … 小さじ½（2g）
砂糖 … 小さじ½（2g）
塩 … 小さじ½（3g）
ぬるま湯（40℃）… 120g
プロセスチーズ … 60g
ピザ用チーズ … 40g

一次発酵	冷蔵庫（10℃前後）	8〜12時間
二次発酵	40℃（オーブンの発酵機能で）	60分
焼成	210℃	20分

[下準備]
・プロセスチーズは1㎝角に切る。

[作り方]

❶ 　生地作り　 容器にぬるま湯を入れ、ドライ
イースト、砂糖、塩を加えて混ぜる。
強力粉を加え、粉っぽさがなくなるまでゴム
べらで混ぜる。

❷ 　一次発酵　 ふたをして冷蔵庫で8〜12時間、
2倍くらいの大きさになるまで発酵させる。

❸ 　具の混ぜ込み　 生地にプロセスチーズを混ぜ
込む（a）。

❹ 　成形　 生地の表面に打ち粉（強力粉・
分量外）をたっぷりふり、生地と容器の間に
ゴムべらを差し込んで一周する。台にひっく
り返し、容器から取り出す。
生地に打ち粉をふり、表面を張らせるように
して裏側に生地を入れ込みながら楕円形にす
る（b）。底はつまんでとじる。

❺ 　二次発酵　 オーブンシートを敷いた天板に
のせ、平たくする（2㎝くらいの厚さ）。乾いた
布をかけ、オーブンの発酵機能（40℃）で60分
発酵させる。

❻ 　焼く　 ナイフで切り込み（1㎝深さ）を1本
入れ（c）、ピザ用チーズをのせる。
210℃に予熱したオーブンで20分焼く。

チョコとアーモンドのカンパーニュ

粗く砕いたチョコと、
スライスアーモンドのパリパリ感が楽しい！
甘みのないシンプルな生地なので、
チョコの甘さがよく合います。

[材料（1個分）]

強力粉 … 150g
インスタントドライイースト … 小さじ½（2g）
砂糖 … 小さじ½（2g）
塩 … 小さじ½（3g）
ぬるま湯（40℃）… 120g
板チョコ … 50g
スライスアーモンド … 40g

一次発酵	冷蔵庫（10℃前後）	8〜12時間
二次発酵	40℃（オーブンの発酵機能で）	60分
焼成	210℃	20分

[下準備]

・板チョコは1cm四方に刻む。
・アーモンドは、180℃に設定したオーブンで予
　熱をせずに2分焼く。

[作り方]

❶ 　生地作り　容器にぬるま湯を入れ、ドライ
　イースト、砂糖、塩を加えて混ぜる。
　強力粉を加え、粉っぽさがなくなるまでゴム
　べらで混ぜる。

❷ 　一次発酵　ふたをして冷蔵庫で8〜12時間、
　2倍くらいの大きさになるまで発酵させる。

❸ 　具の混ぜ込み　生地にチョコとアーモンドを
　混ぜ込む（a）。

❹ 　成形　生地の表面に打ち粉（強力粉・
　分量外）をたっぷりふり、生地と容器の間に
　ゴムべらを差し込んで一周する。台にひっく
　り返し、容器から取り出す。
　生地に打ち粉をふり、表面を張らせるように
　しながら台の上で回転させ、丸く形をととの
　える（b）。

❺ 　二次発酵　オーブンシートを敷いた天板に
　のせ、平たくする（2cmくらいの厚さ）。乾いた
　布をかけ、オーブンの発酵機能（40℃）で60分
　発酵させる。

❻ 　焼く　表面に茶こしで打ち粉をふり、ナ
　イフで格子状の切り込み（1cm深さ）を2cm間隔
　で入れる（c）。
　210℃に予熱したオーブンで20分焼く。

プチフランス

おなじみのフランスパンを
食べきれるサイズに小さく焼きました。
手軽に作れる大きさで、
サンドイッチにもぴったり（→P64）。

[材料（4個分）]

強力粉 … 150g
インスタントドライイースト … 小さじ½（2g）
砂糖 … 小さじ½（2g）
塩 … 小さじ½（3g）
ぬるま湯（40℃）… 110g

一次発酵	冷蔵庫（10℃前後）	8〜12時間
ベンチタイム	40℃（オーブンの発酵機能で）	15分
二次発酵	40℃（オーブンの発酵機能で）	30分
焼成	210℃	15分

[作り方]

❶ 　生地作り　 容器にぬるま湯を入れ、ドライ
イースト、砂糖、塩を加えて混ぜる。
強力粉を加え、粉っぽさがなくなるまでゴム
べらで混ぜる。

❷ 　一次発酵　 ふたをして冷蔵庫で8〜12時間、
2倍くらいの大きさになるまで発酵させる。

❸ 　分割　 生地の表面に打ち粉（強力粉・
分量外）をたっぷりふり、生地と容器の間に
ゴムべらを差し込んで一周する。台にひっく
り返し、容器から取り出す。
生地に打ち粉をたっぷりふり、全体を軽く押し
てガス抜きをしてからカードで4等分に切る。

❹ 　形のととのえ　 手で四角形（10×10cmくらい）に
のばし、手前⅓を折り、向こう側⅓をかぶせる
（a）。

❺ 　ベンチタイム　 オーブンシートを敷いた天板に
並べ、乾いた布をかけ、オーブンの発酵機能
（40℃）で15分休ませる。

❻ 　成形　 台に生地を置き、表面を軽くた
たいてガス抜きをする。真ん中にくぼみをつけ
てから（b）半分に折り（c）、合わせ目をつまん
でとじる（d）。転がして13cm長さに形をととの
える（e）。

❼ 　二次発酵　 天板に並べて乾いた布をかけ、
オーブンの発酵機能（40℃）で30分発酵させる。

❽ 　焼く　 表面に茶こしで打ち粉をふり、
ナイフで切り込み（1cm深さ）を斜めに2本入
れる（f）。
210℃に予熱したオーブンで15分焼く。

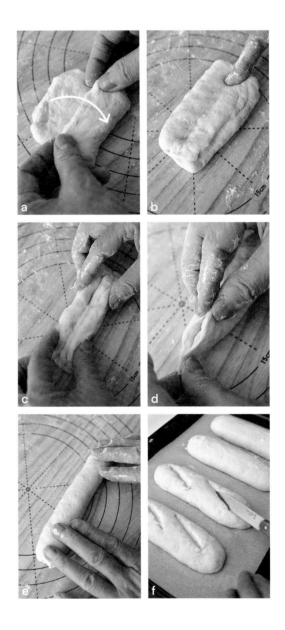

サンドして楽しもう！①

P62のプチフランスはシンプルな味だから、
具をはさんでサンドイッチにするのもおすすめです。

濃厚さとさわやかさが共存した不動の人気の具

アボカド＆サーモンサンド

［材料（1個分）］

プチフランス（⊖P62）… 1個
アボカド（5mm厚さ）… 3枚
スモークサーモン … 2枚
玉ねぎ（薄切り）… 少々
クリームチーズ … 10g

［作り方］

プチフランスに切り込みを入れ、ク
リームチーズを塗る。アボカド、ス
モークサーモン、玉ねぎをはさむ。

おなじみの定番サンドは食べごたえ満点

BLTサンド

[材料（1個分）]

プチフランス（→P62）… 1個
ベーコン … 2枚
グリーンレタス … 適量
トマト（1cm厚さの半月切り）
　… 3枚
マスタード、バター … 各少々

[作り方]

❶ ベーコンはフライパンでカリカリ
　に焼く。マスタードとバターは混
　ぜる。

❷ プチフランスに切り込みを入れ、マ
　スタードバターを塗る。グリーンレ
　タス、トマト、ベーコンをはさむ。

甘くてミルキーなクリームはみんなが大好きな味

ミルクフランス

[材料（1個分）]

プチフランス（→P62）… 1個
ミルクバタークリーム
　バター（食塩不使用）… 15g
　砂糖 … 5g
　練乳 … 5g

[作り方]

❶ バターを室温に戻してやわらかくし、砂糖、練乳を加えて混ぜる。絞り袋に入れて先端を切る（直径1.5cmくらい）。

❷ プチフランスに切り込みを入れ、①を絞る。

甘さとしょっぱさが融合したしゃれた組み合わせ

りんご＆生ハムサンド

[材料（1個分）]

プチフランス（→P62）… 1個
りんご（5mm幅のくし形切り）
　… 3枚
生ハム … 4枚
プロセスチーズ … 2切れ

[作り方]

プチフランスに切り込みを入れ、り
んご、生ハム、チーズをはさむ。

明太フランス

作り方はプチフランス（→P62）と途中まで同じです。
いったん軽く焼いてから明太子バターをのせて、
本焼きをします。

[材料（4個分）]

強力粉 … 150g

インスタントドライイースト … 小さじ½(2g)

砂糖 … 小さじ½(2g)

塩 … 小さじ½(3g)

ぬるま湯（40℃）… 110g

明太子バター

明太子 … 20g

バター … 20g

レモン汁 … 小さじ¼

青のり … 小さじ1

[下準備]

・バターを室温に戻してやわらかくし、薄皮を取った明太子、レモン汁を加えて混ぜる。

一次発酵	冷蔵庫(10℃前後)	8〜12時間
ベンチタイム	40℃(オーブンの発酵機能で)	15分
二次発酵	40℃(オーブンの発酵機能で)	30分
焼成①	220℃	12分
焼成②	180℃	5分

[作り方]

❶ 【生地作り】 容器にぬるま湯を入れ、ドライイースト、砂糖、塩を加えて混ぜる。
強力粉を加え、粉っぽさがなくなるまでゴムべらで混ぜる。

❷ 【一次発酵】 ふたをして冷蔵庫で8〜12時間、2倍くらいの大きさになるまで発酵させる。

❸ 【分割】 生地の表面に打ち粉（強力粉・分量外）をたっぷりふり、生地と容器の間にゴムべらを差し込んで一周する。台にひっくり返し、容器から取り出す。
生地に打ち粉をたっぷりふり、全体を軽く押してガス抜きをしてからカードで4等分に切る。

❹ 【形のととのえ】 手で四角形（10×10㎝くらい）にのばし、手前⅓を折り、向こう側⅓をかぶせる。

❺ 【ベンチタイム】 オーブンシートを敷いた天板に並べ、乾いた布をかけ、オーブンの発酵機能（40℃）で15分休ませる。

❻ 【成形】 台に生地を置き、表面を軽くたたいてガス抜きをする。真ん中にくぼみをつけてから半分に折り、合わせ目をつまんでとじる。転がして13㎝長さに形をととのえる。

❼ 【二次発酵】 天板に並べて乾いた布をかけ、オーブンの発酵機能（40℃）で30分発酵させる。

❽ 【焼く】 表面に茶こしで打ち粉をふり、ナイフで切り込み（1㎝深さ）を1本入れる（**a**）。220℃に予熱したオーブンで12分焼き、いったん取り出す。
開いた切り込みに明太子バターをのせる（**b**）。180℃に予熱したオーブンで5分焼く。焼きあがったら青のりをふる。

ベーコンエピ

エピとはフランス語で「麦の穂」の意味。
かっこいい形にするには、
はさみを寝かせるようにして深く入れ、
左右にぐっと開くことがポイントです。

[材料（4個分）]

強力粉 … 150g
インスタントドライイースト … 小さじ½(2g)
砂糖 … 小さじ½(2g)
塩 … 小さじ½(3g)
ぬるま湯（40℃）… 110g
ベーコン … 8枚

一次発酵	冷蔵庫(10℃前後)	8〜12時間
ベンチタイム	40℃（オーブンの発酵機能で）	15分
焼成	200℃	20分

[作り方]

❶ 　生地作り　 容器にぬるま湯を入れ、ドライイースト、砂糖、塩を加えて混ぜる。
強力粉を加え、粉っぽさがなくなるまでゴムべらで混ぜる。

❷ 　一次発酵　 ふたをして冷蔵庫で8〜12時間、2倍くらいの大きさになるまで発酵させる。

❸ 　分割　 生地の表面に打ち粉（強力粉・分量外）をたっぷりふり、生地と容器の間にゴムべらを差し込んで一周する。台にひっくり返し、容器から取り出す。
生地に打ち粉をたっぷりふり、全体を軽く押してガス抜きをしてからカードで4等分に切る。

❹ 　丸め　 生地の表面を張らせるようにして卵形にする。底と両端はとじなくてよい。

❺ 　ベンチタイム　 オーブンシートを敷いた天板に並べ、平たくする（2cmくらいの厚さ）。乾いた布をかけ、オーブンの発酵機能（40℃）で15分休ませる。

❻ 　成形　 台に生地を置き、手で長方形に押しのばしてから、めん棒で10×20cmにのばす（a）。
生地を横長に置いてベーコンを2枚重ねてのせ（b）、手前から巻く（c）。
合わせ目と両端をつまんでとじる。軽く転がして、とじ目をなじませる。
天板に並べ、はさみを斜めに入れ、生地の¾くらいの深さまで切り込みを入れる（d）。
切った部分を左右に広げる（e）。

❼ 　焼く　 200℃に予熱したオーブンで20分焼く。

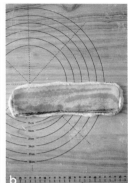

ごぼうスティックパン

生地に生のごぼうを混ぜ込み、
形も似せて細長く成形しました。
ガリッとした生地のかみごたえと、
ごぼうの食感がクセになります。

[材料（4個分）]

強力粉 … 150g
インスタントドライイースト … 小さじ½（2g）
砂糖 … 小さじ½（2g）
塩 … 小さじ½（3g）
ぬるま湯（40℃）… 110g
ごぼう … 80g
ベーコン … 3枚

一次発酵	冷蔵庫（10℃前後）	8〜12時間
焼成	220℃	15分

[下準備]

・ごぼうは四つ割りにし、2cm長さに切る。
・ベーコンは細切りにする。

[作り方]

❶ 生地作り 容器にぬるま湯を入れ、ドライ
イースト、砂糖、塩を加えて混ぜる。
強力粉を加え、粉っぽさがなくなるまでゴム
べらで混ぜる。

❷ 一次発酵 ふたをして冷蔵庫で8〜12時間、
2倍くらいの大きさになるまで発酵させる。

❸ 具の混ぜ込み 生地の表面に打ち粉（強力粉・
分量外）をたっぷりふり、生地と容器の間に
ゴムべらを差し込んで一周する。台にひっく
り返し、容器から取り出す。
ごぼうとベーコンを混ぜ込む（a）。

❹ 分割 生地の表面に打ち粉をたっぷり
ふり、四角形にととのえる。カードで4等分の
棒状に切る。

❺ 成形 転がして30cm長さに形をととの
える（b）。

❻ 焼く オーブンシートを敷いた天板に
並べ、220℃に予熱したオーブンで15分焼く。

Part

3

リッチ × ソフト生地 のパン

Part1の材料に油脂と牛乳をプラスし、砂糖の量も増やします。
油脂が入ると生地がふくらみやすく、
ボリュームのある焼きあがりに。
ほんのり甘くて、ふわふわとやわらかい生地で、
誰もが好む味です。
親しみのある菓子パンや惣菜パンは、この生地を使います。

丸パン

プレーン生地のまま焼きあげた、Part3の基本となるパン。
外も中もふんわりやわらかな食感で、ほのかな甘みがあります。
仕上げに溶き卵を塗って、ツヤツヤの焼き上がりに。

丸パン

[材料（6個分）]

強力粉 … 150g
インスタントドライイースト … 小さじ½（2g）
砂糖 … 大さじ1（10g）
塩 … 小さじ½（3g）
バター（食塩不使用）… 10g
熱湯 … 55g
牛乳 … 50g
溶き卵（仕上げ用）… 大さじ1

生地作り ⟶ **一次発酵**

発酵前

発酵後

1.

容器にバターと熱湯を入れてバターを溶かし、冷たい牛乳を加えてほんのり温かいくらい（40℃）にする。ドライイースト、砂糖、塩を加えて混ぜる。

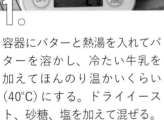

＊熱湯と牛乳を合わせて適温（40℃）にするので、牛乳は冷蔵庫から出した冷たいものでよい。 ➡ P108

＊粉を混ぜる前にイーストを溶かすと生地全体に広がりやすく、こねなくても発酵しやすくなる。イーストは水分を含むと活性化するので、冷蔵庫での発酵も進みやすい。

2.

強力粉を加え、粉っぽさがなくなるまでゴムべらで混ぜる。

3.

ふたをして冷蔵庫で8〜12時間、2倍くらいの大きさになるまで発酵させる。

＊発酵前の生地の上面ラインにテープを貼ると、発酵状態がわかりやすい。 ➡ P109

＊発酵前の生地はほんのり温かい状態（25℃くらい）がよい。冷たいときは室温に30分おいてから冷蔵庫へ。心配なときは1.5倍の大きさまで発酵させてから冷蔵庫へ入れるとよい。

 ・冷蔵庫のどこに置くのがいい？ ➡ P108

・指定の時間になっても生地がふくらんでいないときは？ ➡ P109

・冷蔵庫で発酵させた生地はすぐに使わないとだめ？ ➡ P108

一次発酵	冷蔵庫（10℃前後）	8〜12時間
ベンチタイム	40℃（オーブンの発酵機能で）	15分
二次発酵	40℃（オーブンの発酵機能で）	30〜60分
焼成	180℃	15分

分割

4.

生地の表面に打ち粉（強力粉・分量外）をふり、生地と容器の間にゴムべらを差し込んで一周し、台にひっくり返す。自然に落ちてくるまで待ち、容器から取り出す。

5.

生地に打ち粉をふり、上から押して平らにし、半分に折りたたむ。これを4〜5回くり返す。

＊折りたたんでガス抜きをしつつ、グルテンの強化と生地のキメもととのえる。

＊何度か折りたたむのをくり返すことでグルテンが形成され、こねているのと同じような効果が得られる。

6.

円形にととのえ、カードで6等分に切る。

＊分割の個数が偶数のときは円形でよいが、奇数のときは棒状にすると均等に分けやすい。

大きさに違いがあるときは、大きいものを少しカードで切り、小さいものの断面にくっつける。

丸パン

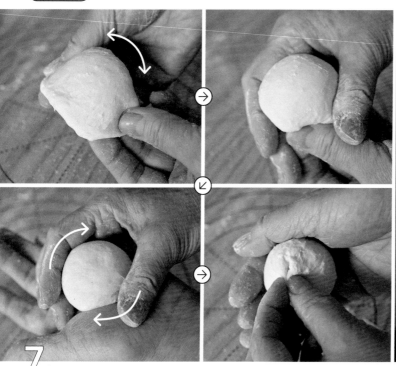

7.

生地のきれいな面をのばして
広げ、裏側に生地を集めるよう
にして表面を張らせる。生地の
ふちを押さえて回しながら表
面を張らせるように丸め、底を
つまんでとじる。

8.

オーブンシートを敷いた天板に
並べ、平たくする（1cmくらいの
厚さ）。乾いた布をかけ、オーブ
ンの発酵機能（40℃）で15分休
ませる。

＊このあとの二次発酵をスムーズにす
るには、生地の温度が15℃以上で
あることが望ましい。そこで、生地
の中心まで温まりやすいように平
たくする。

 ・オーブンに発酵機能がないときは？
→ P109

 成形 ── 二次発酵 ── 焼く ──

発酵前

発酵後

9.

台に生地を置き、つぶしてガス抜きをしてから丸め直し、底をとじて天板に並べる。

＊丸め直すことで生地のキメがととのい、表面にぷつぷつした気泡ができにくくなる。

10.

乾いた布をかけ、オーブンの発酵機能（40℃）で30〜60分発酵させる。2倍の大きさになればOK。

Ⓠ ・指定の時間になっても生地がふくらんでいないときは？➜ P109

11.

生地の表面に溶き卵を塗り、180℃に予熱したオーブンで15分焼く。

＊オーブンによって焼き色のつき方は違うので、12分以上焼いたら様子を見て、おいしそうな焼き色がついていたら取り出す。

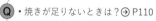

Ⓠ ・焼きが足りないときは？➜ P110
・焼けているかどうかがわかりません。➜ P110

コッペパン

ホットドッグで見かける細長く成形したパンです。
同じ生地でも形が違うだけで
まったく別の仕上がりになることが体感できます。

[材料(4個分)]

強力粉 … 150g
インスタントドライイースト … 小さじ½(2g)
砂糖 … 大さじ1(10g)
塩 … 小さじ½(3g)
バター(食塩不使用) … 10g
熱湯 … 55g
牛乳 … 50g
牛乳(仕上げ用) … 少々

一次発酵	冷蔵庫(10℃前後)	8～12時間
ベンチタイム	40℃(オーブンの発酵機能で)	15分
二次発酵	40℃(オーブンの発酵機能で)	30～60分
焼成	190℃	12分

[作り方]

❶ 生地作り 容器にバターと熱湯を入れてバ
ターを溶かし、冷たい牛乳を加えてほんのり
温かいくらい(40℃)にする。ドライイース
ト、砂糖、塩を加えて混ぜる。
強力粉を加え、粉っぽさがなくなるまでゴム
べらで混ぜる。

❷ 一次発酵 ふたをして冷蔵庫で8～12時間、
2倍くらいの大きさになるまで発酵させる。

❸ 分割 生地の表面に打ち粉(強力粉・
分量外)をふり、生地と容器の間にゴムべら
を差し込んで一周する。台にひっくり返し、
容器から取り出す。
生地に打ち粉をふり、上から押して平らにし、
半分に折りたたむ。これを4～5回くり返す。
円形にととのえ、カードで4等分に切る。

❹ 丸め 生地の表面を張らせるように丸
め、底をつまんでとじる。

❺ ベンチタイム オーブンシートを敷いた天板に
並べ、平たくする(1cmくらいの厚さ)。乾い
た布をかけ、オーブンの発酵機能(40℃)で
15分休ませる。

❻ 成形 台に生地を置き、めん棒で直径
12cmくらいにのばす。手前⅓を折り、向こう
側⅓をかぶせる(a)。真ん中にくぼみをつけ
てから半分に折り(b)、合わせ目をつまんで
とじる。
転がして12～13cm長さに形をととのえる(c)。

❼ 二次発酵 天板に並べて乾いた布をかけ、
オーブンの発酵機能(40℃)で30～60分発酵
させる。2倍の大きさになればOK。

❽ 焼く 生地の表面に牛乳を塗って、
190℃に予熱したオーブンで12分焼く。

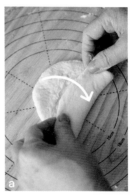

サンドして楽しもう!②

P75の丸パン、P80のコッペパンは、
どんな具とも相性がよく、サンドイッチにも向いています。

あんこの甘みと厚めに切ったバターで

至福のひとときを

あんバターサンド

[材料(1個分)]
丸パン(→P75) … 1個
粒あん(市販) … 30g
バター … 20g

[作り方]
丸パンに切り込みを入れ、粒あん
とバターをはさむ。

パンがやわらかいから

コロッケとなじんで一体感が出ます

コロッケサンド

[材料（1個分）]
丸パン（→P75）… 1個
コロッケ … ½個
キャベツ（せん切り）… 適量
ソース … 適量

[作り方]
丸パンに切り込みを入れ、キャベ
ツとコロッケをはさみ、ソースを
かける。

半熟卵と卵サラダの2種を詰めたわがままサンド

ダブル卵サンド

[材料（1個分）]

コッペパン（→P80） … 1個

卵 … 2個

A | マヨネーズ … 大さじ1
　 | 塩、酢、砂糖 … 各少々

パセリ … 少々

[作り方]

❶ 鍋に卵、水を入れて中火にかけ、1個は8分、もう1個は12分ゆでる。どちらも水にとり、殻をむく。

❷ 8分ゆでた卵は半分に切る。12分ゆでた卵は粗く刻み、Aを混ぜる。

❸ コッペパンに切り込みを入れ、②をはさみ、パセリをのせる。

ふんわり食感のパンはマヨネーズ味の具と好相性

えびマヨサンド

[材料（1個分）]

コッペパン（→P80）… 1個
むきえび … 30g
玉ねぎ（みじん切り）… 適量
マヨネーズ … 大さじ1
三つ葉 … 少々

[作り方]

❶ えびはゆでてボウルに入れ、玉ねぎ、
　マヨネーズを加えて混ぜる。

❷ コッペパンに切り込みを入れ、①を
　はさみ、三つ葉をのせる。

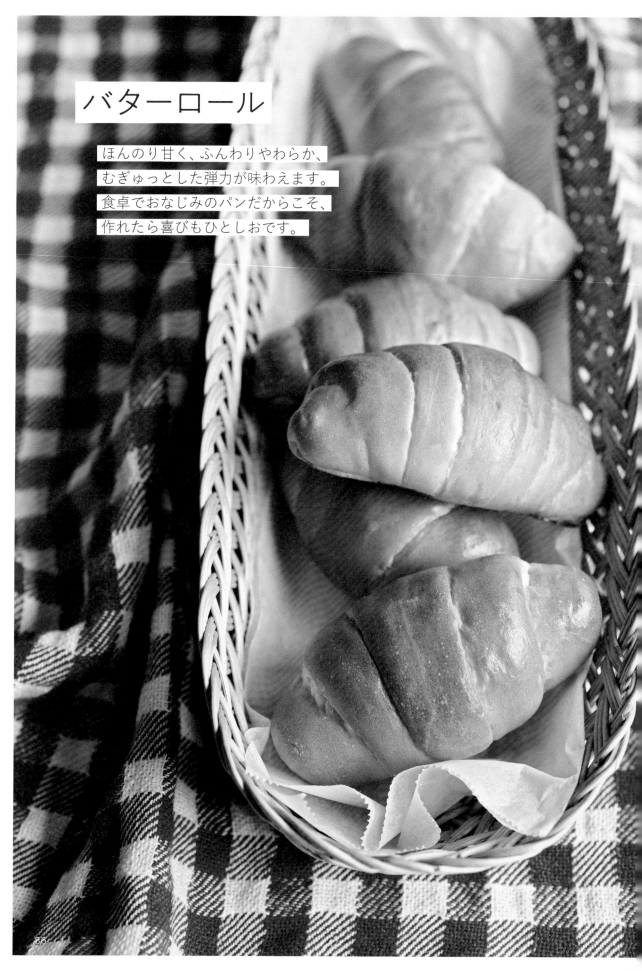

バターロール

ほんのり甘く、ふんわりやわらか、
むぎゅっとした弾力が味わえます。
食卓でおなじみのパンだからこそ、
作れたら喜びもひとしおです。

[材料（6個分）]

強力粉 … 150g
インスタントドライイースト … 小さじ½（2g）
砂糖 … 大さじ1（10g）
塩 … 小さじ½（3g）
バター（食塩不使用）… 10g
熱湯 … 55g
牛乳 … 50g
溶き卵（仕上げ用）… 大さじ1

一次発酵	冷蔵庫（10℃前後）	8〜12時間
ベンチタイム	40℃（オーブンの発酵機能で）	15分
二次発酵	40℃（オーブンの発酵機能で）	30〜60分
焼成	200℃	15分

[作り方]

❶ 生地作り 容器にバターと熱湯を入れてバターを溶かし、冷たい牛乳を加えてほんのり温かいくらい（40℃）にする。ドライイースト、砂糖、塩を加えて混ぜる。
強力粉を加え、粉っぽさがなくなるまでゴムべらで混ぜる。

❷ 一次発酵 ふたをして冷蔵庫で8〜12時間、2倍くらいの大きさになるまで発酵させる。

❸ 分割 生地の表面に打ち粉（強力粉・分量外）をふり、生地と容器の間にゴムべらを差し込んで一周する。台にひっくり返し、容器から取り出す。
生地に打ち粉をふり、上から押して平らにし、半分に折りたたむ。これを4〜5回くり返す。円形にととのえ、カードで6等分に切る。

❹ 形のととのえ 生地の表面を張らせるようにして卵形にし（a）、底をつまんでとじる。両端はとじなくてよい。
片手を軽く当て、小指と薬指のほうに少し傾

けるようにして転がし（b）、片側が太くて反対側が細いしずく形にする（c）。

❺ ベンチタイム オーブンシートを敷いた天板に並べ、1cmくらいの厚さに平たくする（d）。乾いた布をかけ、オーブンの発酵機能（40℃）で15分休ませる。

❻ 成形 台に、生地の細いほうを手前にして置く。生地の中央から太いほうに向けてめん棒でのばし、次に中央から細いほうに向けて生地を軽く引っ張りながらめん棒を転がし（e）、25cm長さ、底辺が10cm長さの三角形にのばす。太いほうからゆるめに巻き（f）、巻き終わりを下にして天板に並べる。

❼ 二次発酵 乾いた布をかけ、オーブンの発酵機能（40℃）で30〜60分発酵させる。2倍の大きさになればOK。

❽ 焼く 生地の表面に溶き卵を塗り、200℃に予熱したオーブンで15分焼く。

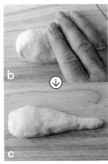

ソーセージパン

生地にソーセージをのせるだけなので、
はじめての惣菜パンにおすすめ。
成形も難しくないので、
ぜひ挑戦してみてください。

[材料（5個分）]

強力粉 … 150g
インスタントドライイースト … 小さじ½(2g)
砂糖 … 大さじ1(10g)
塩 … 小さじ½(3g)
バター（食塩不使用） … 10g
熱湯 … 55g
牛乳 … 50g
ソーセージ … 5本
トマトケチャップ、マスタード … 各適量
溶き卵（仕上げ用） … 大さじ1

一次発酵	冷蔵庫（10℃前後）	8〜12時間
二次発酵	40℃（オーブンの発酵機能で）	30〜40分
焼成	200℃	12分

[作り方]

❶ 　生地作り　 容器にバターと熱湯を入れてバ
ターを溶かし、冷たい牛乳を加えてほんのり
温かいくらい（40℃）にする。ドライイース
ト、砂糖、塩を加えて混ぜる。
強力粉を加え、粉っぽさがなくなるまでゴム
べらで混ぜる。

❷ 　一次発酵　 ふたをして冷蔵庫で8〜12時間、
2倍くらいの大きさになるまで発酵させる。

❸ 　分割　 生地の表面に打ち粉（強力粉・
分量外）をふり、生地と容器の間にゴムべら
を差し込んで一周する。台にひっくり返し、
容器から取り出す。
生地に打ち粉をふり、上から押して平らにし、
半分に折りたたむ。これを4〜5回くり返す。
同じ太さの棒状にし、カードで5等分に切る。

❹ 　丸め　 生地の表面を張らせるようにして
卵形にする。底と両端はとじなくてよい。

❺ 　成形　 手で平たくしてから、めん棒で
10cm長さ、5cm幅の楕円形にのばす（a）。

❻ 　二次発酵　 オーブンシートを敷いた天板に
並べ、乾いた布をかけ、オーブンの発酵機能
（40℃）で30〜40分発酵させる。2倍の大きさ
になればOK。

❼ 　焼く　 生地の表面に溶き卵を塗り、ソ
ーセージをのせて押し込む（b）。
200℃に予熱したオーブンで12分焼く。焼きあ
がったらケチャップとマスタードをかける。

ツナマヨパン
コーンマヨパン

成形はグラスを当てて
くぼみをつけるだけだから簡単！
人気の2つの具をのせましたが、
どんなものでも合うので、
アイデアは無限です（→P92）。

[材料（各3個分）]

強力粉 … 150g

インスタントドライイースト … 小さじ½(2g)

砂糖 … 大さじ1(10g)

塩 … 小さじ½(3g)

バター（食塩不使用） … 10g

熱湯 … 55g

牛乳 … 50g

溶き卵（仕上げ用） … 大さじ1

ツナマヨ

| ツナ（缶詰） … 大さじ3

| 玉ねぎ（みじん切り） … 大さじ3

| マヨネーズ … 大さじ2

| 塩、こしょう … 各少々

コーンマヨ

| ホールコーン（缶詰） … 大さじ6

| マヨネーズ … 大さじ2

| 塩 … 少々

| パセリ（みじん切り） … 少々

[下準備]

・ツナマヨ、コーンマヨの材料をそれぞれ混ぜる。

一次発酵	冷蔵庫(10℃前後)	8〜12時間
二次発酵	40℃（オーブンの発酵機能で）	30〜40分
ベンチタイム	室温(20〜25℃)	10分
焼成	180℃	15分

[作り方]

❶ 【生地作り】 容器にバターと熱湯を入れてバターを溶かし、冷たい牛乳を加えてほんのり温かいくらい（40℃）にする。ドライイースト、砂糖、塩を加えて混ぜる。
強力粉を加え、粉っぽさがなくなるまでゴムべらで混ぜる。

❷ 【一次発酵】 ふたをして冷蔵庫で8〜12時間、2倍くらいの大きさになるまで発酵させる。

❸ 【分割】 生地の表面に打ち粉（強力粉・分量外）をふり、生地と容器の間にゴムべらを差し込んで一周する。台にひっくり返し、容器から取り出す。
生地に打ち粉をふり、上から押して平らにし、半分に折りたたむ。これを4〜5回くり返す。円形にととのえ、カードで6等分に切る。

❹ 【丸め】 生地の表面を張らせるように丸め、底をつまんでとじる。

❺ 【成形】 手で平たくしてから、めん棒で直径8cm、1cm厚さの円形にのばす（a）。

❻ 【二次発酵】 オーブンシートを敷いた天板に並べ、乾いた布をかけ、オーブンの発酵機能（40℃）で30〜40分発酵させる。2倍の大きさになればOK。

❼ 【ベンチタイム】 グラス（底の直径5.5cm）の底に打ち粉をつけ、生地の中心に押し当て、くぼませる（b）。
ツナマヨ、コーンマヨをのせ（c）、布はかけずに室温で10分休ませる。

❽ 【焼く】 生地の表面に溶き卵を塗って、180℃に予熱したオーブンで15分焼く。

おかずをのせて いろいろ惣菜パン

惣菜パンは、どんなものをのせてもマッチする懐の深さがあります。
残ったおかずや試してみたい具を好きにのせて作りましょう！

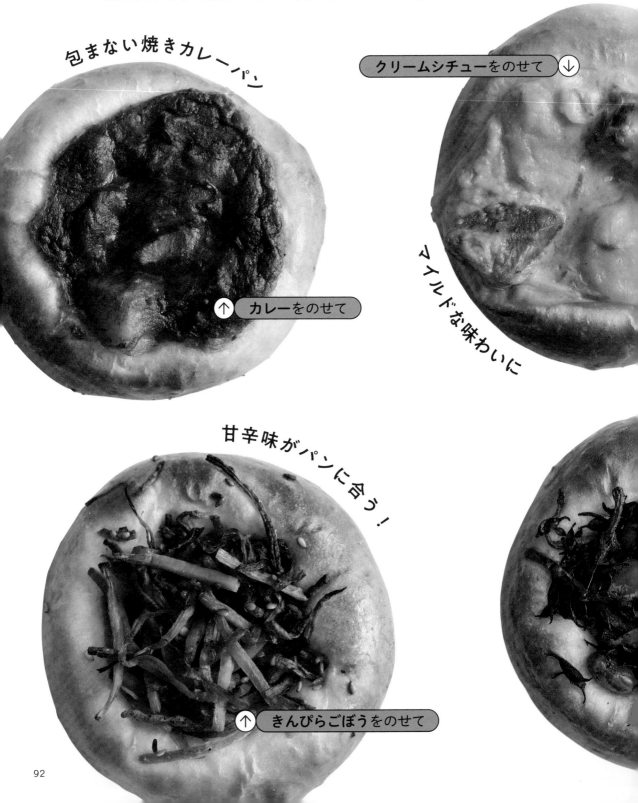

包まない焼きカレーパン

クリームシチューをのせて ↓

↑ カレーをのせて

マイルドな味わいに

甘辛味がパンに合う！

↑ きんぴらごぼうをのせて

［作り方］
P91と同様にして⑦のくぼませるところまで済ませ、それぞれの惣菜をのせる。室温で10分休ませ、⑧と同様に焼く。

ほくほくマヨ味がマッチ！

ポテトサラダをのせて ↑

意外なおいしさ新発見！

↓ ひじきの煮ものをのせて

和惣菜の定番がさま変わり！

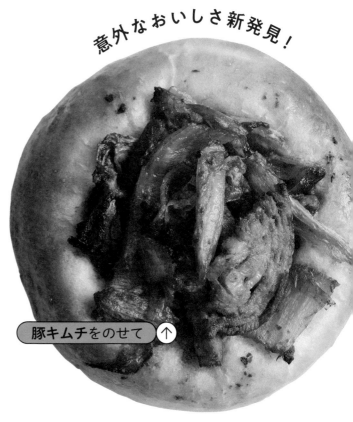

豚キムチをのせて ↑

ココアとオレンジピールの三つ編みパン

チョコレートのような豊かな風味を感じる生地に
相性のいいオレンジを合わせました。
三つ編み成形にして、
見栄えのする仕上がりに。

[材料（1個分）]

強力粉 … 140g

ココアパウダー … 10g

インスタントドライイースト … 小さじ½(2g)

砂糖 … 大さじ1(10g)

塩 … 小さじ½(3g)

バター（食塩不使用）… 10g

熱湯 … 60g

牛乳 … 60g

オレンジピール（5mm角の砂糖漬け）… 50g

牛乳（仕上げ用）… 大さじ1

一次発酵	冷蔵庫(10℃前後)	8〜12時間
ベンチタイム	40℃(オーブンの発酵機能で)	15分
二次発酵	40℃(オーブンの発酵機能で)	30〜60分
焼成	170℃	20分

[作り方]

❶ 生地作り 容器にバターと熱湯を入れてバターを溶かし、冷たい牛乳を加えてほんのり温かいくらい（40℃）にする。ドライイースト、砂糖、塩を加えて混ぜる。
強力粉、ココアパウダーを加え、粉っぽさがなくなるまでゴムべらで混ぜる。

❷ 一次発酵 ふたをして冷蔵庫で8〜12時間、2倍くらいの大きさになるまで発酵させる。

❸ 具の混ぜ込み 生地にオレンジピールを混ぜ込む。

❹ 分割 生地の表面に打ち粉（強力粉・分量外）をふり、生地と容器の間にゴムべらを差し込んで一周する。台にひっくり返し、容器から取り出す。
生地に打ち粉をふって形をととのえ、カードで3等分に切る。

❺ 形のととのえ 転がして30cm長さの棒状にする。

❻ ベンチタイム オーブンシートを敷いた天板に等間隔に並べる（a）。乾いた布をかけ、オーブンの発酵機能（40℃）で15分休ませる。

❼ 成形 3本の生地の端をひとつにまとめ、つまんでとめる（b）。外側の1本を真ん中の1本と交差させ、これを左右交互にくり返し（c）、端まで編む。編み終わりの生地をひとつにまとめて、つまんでとめる。両端のとめた部分を1cmほど裏側に折り込む（d）。

❽ 二次発酵 乾いた布をかけ、オーブンの発酵機能（40℃）で30〜60分発酵させる。2倍の大きさになればOK。

❾ 焼く 生地の表面に牛乳を塗って、170℃に予熱したオーブンで20分焼く。

a

b

c

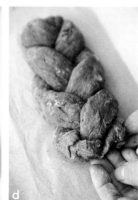
d

あんぱん

老若男女が大好きな日本生まれのパン。
生地を丸くのばしてあんこをのせ、
茶巾のように包む方法なので簡単です。

[材料（5個分）]

強力粉 … 150g
インスタントドライイースト … 小さじ½(2g)
砂糖 … 大さじ1(10g)
塩 … 小さじ½(3g)
バター（食塩不使用）… 10g
熱湯 … 55g
牛乳 … 50g
あんこ（市販）… 150g
溶き卵（仕上げ用）… 大さじ1
黒いりごま … 小さじ1

一次発酵	冷蔵庫(10℃前後)	8〜12時間
ベンチタイム	40℃(オーブンの発酵機能で)	15分
二次発酵	40℃(オーブンの発酵機能で)	30〜60分
焼成	200℃	12分

[下準備]

・あんこは30gずつに分けて丸める。

[作り方]

❶ **生地作り** 容器にバターと熱湯を入れてバターを溶かし、冷たい牛乳を加えてほんのり温かいくらい（40℃）にする。ドライイースト、砂糖、塩を加えて混ぜる。
強力粉を加え、粉っぽさがなくなるまでゴムべらで混ぜる。

❷ **一次発酵** ふたをして冷蔵庫で8〜12時間、2倍くらいの大きさになるまで発酵させる。

❸ **分割** 生地の表面に打ち粉（強力粉・分量外）をふり、生地と容器の間にゴムべらを差し込んで一周する。台にひっくり返し、容器から取り出す。
生地に打ち粉をふり、上から押して平らにし、半分に折りたたむ。これを4〜5回くり返す。同じ太さの棒状にし、カードで5等分に切る。

❹ **丸め** 生地の表面を張らせるように丸め、底をつまんでとじる。

❺ **ベンチタイム** オーブンシートを敷いた天板に並べ、平たくする（1cmくらいの厚さ）。乾いた布をかけ、オーブンの発酵機能（40℃）で15分休ませる。

❻ **成形** 台に生地を置き、めん棒で直径8cmにのばす。
あんこをのせ、まわりの生地を真ん中に寄せて包み（a）、合わせ目をつまんでとじる（b）。生地のふちを押さえて、回しながら丸く形をととのえる（c）。

❼ **二次発酵** とじ目を下にして天板に並べ、軽く押して表面を少しつぶす（d）。
乾いた布をかけ、オーブンの発酵機能（40℃）で30〜60分発酵させる。2倍の大きさになればOK。

❽ **焼く** 生地の表面に溶き卵を塗ってごまをのせ、200℃に予熱したオーブンで12分焼く。

シナモンロール

シナモンのスパイシーさが魅力で、
くるくる巻いた形もかわいい！
チーズフロスティングは好みですが、
あるとより一層おいしいです。

[材料（5個分）]

強力粉 … 150g
インスタントドライイースト … 小さじ½（2g）
砂糖 … 大さじ1（10g）
塩 … 小さじ½（3g）
バター（食塩不使用） … 10g
熱湯 … 55g
牛乳 … 50g
溶かしバター … 10g

シナモンシュガー
　シナモンパウダー … 小さじ1
　グラニュー糖 … 大さじ2

チーズフロスティング
　クリームチーズ … 80g
　粉砂糖 … 30g

[下準備]

・シナモンシュガーの材料を混ぜる。
・チーズフロスティングの材料を混ぜる。

一次発酵	冷蔵庫（10℃前後）	8〜12時間
ベンチタイム	40℃（オーブンの発酵機能で）	15分
二次発酵	40℃（オーブンの発酵機能で）	30〜60分
焼成	180℃	15分

[作り方]

❶ 【生地作り】 容器にバターと熱湯を入れてバターを溶かし、冷たい牛乳を加えてほんのり温かいくらい（40℃）にする。ドライイースト、砂糖、塩を加えて混ぜる。
強力粉を加え、粉っぽさがなくなるまでゴムべらで混ぜる。

❷ 【一次発酵】 ふたをして冷蔵庫で8〜12時間、2倍くらいの大きさになるまで発酵させる。

❸ 【丸め】 生地の表面に打ち粉（強力粉・分量外）をふり、生地と容器の間にゴムべらを差し込んで一周する。台にひっくり返し、容器から取り出す。
生地に打ち粉をふり、上から押して平らにし、半分に折りたたむ。これを4〜5回くり返す。表面を張らせるようにしながら台の上で回転させ、丸く形をととのえる。

❹ 【ベンチタイム】 オーブンシートを敷いた天板にのせ、平たくする（2cmくらいの厚さ）。乾いた布をかけ、オーブンの発酵機能（40℃）で15分休ませる。

❺ 【成形】 台に生地を置き、めん棒で15×30cmにのばす。生地の四隅を軽く引っ張って角を作る。
向こう側を2cmあけて、溶かしバターを塗り、シナモンシュガーを均等に広げる（a）。
手前の生地を1cm折って芯を作る（b）。まずは右半分を2〜3回巻き、続けて左半分を2〜3回巻き、V字形になるように巻いていく（c）。同様にして左右交互に巻く。
巻き終わり近くなったら水平に巻き（d）、合わせ目をつまんでとじる（e）。
軽く転がしてとじ目をなじませ、両端を押して太さをととのえる。
カードで5等分に切る。

❻ 【二次発酵】 断面を上にして天板に並べ、表面を押して2cm厚さにする（f）。
乾いた布をかけ、オーブンの発酵機能（40℃）で30〜60分発酵させる。2倍の大きさになればOK。

❼ 【焼く】 180℃に予熱したオーブンで15分焼く。完全に冷めたらチーズフロスティングをのせる。

メロンパン

パン生地のふわふわ感と、
クッキー生地のざくざく感が楽しめます。
この2つの食感を焼きたてで味わってください。

[材料（6個分）]

強力粉 … 150g

インスタントドライイースト … 小さじ½(2g)

砂糖 … 大さじ1(10g)

塩 … 小さじ½(3g)

バター（食塩不使用） … 10g

熱湯 … 55g

牛乳 … 50g

クッキー生地

バター（食塩不使用） … 50g

砂糖 … 50g

卵 … 50g

薄力粉 … 120g

ベーキングパウダー … 小さじ½

グラニュー糖（仕上げ用） … 大さじ3～4

[下準備]

・クッキー生地のバターは室温に戻す。

・卵は溶きほぐす。

一次発酵	冷蔵庫(10℃前後)	8～12時間
ベンチタイム	40℃（オーブンの発酵機能で）	15分
二次発酵	40℃（オーブンの発酵機能で）	30～60分
焼成	170℃	15分

[作り方]

❶ **クッキー生地作り** ボウルにバター、砂糖を入れて白っぽくなるまで混ぜ、卵を加えて混ぜる。粉類を合わせてふるい入れ、粉っぽさがなくなるまでしっかり混ぜる。平らにしてラップで包み、冷蔵庫で冷やしておく。

❷ **生地作り** 容器にバターと熱湯を入れてバターを溶かし、冷たい牛乳を加えてほんのり温かいくらい（40℃）にする。ドライイースト、砂糖、塩を加えて混ぜる。
強力粉を加え、粉っぽさがなくなるまでゴムべらで混ぜる。

❸ **一次発酵** ふたをして冷蔵庫で8～12時間、2倍くらいの大きさになるまで発酵させる。

❹ **分割** 生地の表面に打ち粉（強力粉・分量外）をふり、生地と容器の間にゴムべらを差し込んで一周する。台にひっくり返し、容器から取り出す。
生地に打ち粉をふり、上から押して平らにし、半分に折りたたむ。これを4～5回くり返す。円形にととのえ、カードで6等分に切る。

❺ **丸め** 生地の表面を張らせるように丸め、底をつまんでとじる。

❻ **ベンチタイム** オーブンシートを敷いた天板に並べ、平たくする（1cmくらいの厚さ）。乾いた布をかけ、オーブンの発酵機能（40℃）で15分休ませる。

❼ **成形** クッキー生地をカードで6等分に切り、3～4回こねて丸める。手で平たくしてから、めん棒で直径10cmにのばす（**a**）。

台に⑥の生地を置き、つぶしてガス抜きをしてから丸め直し、底をとじる。クッキー生地をふんわりかぶせる（**b**）。
クッキー生地にグラニュー糖をつけ（**c**）、天板に並べてカードで格子状の切り込みを入れる（**d**）。

❽ **二次発酵** 乾いた布をかけ、オーブンの発酵機能（40℃）で30～60分発酵させる。2倍の大きさになればOK。

❾ **焼く** 170℃に予熱したオーブンで15分焼く。

抹茶とホワイトチョコのちぎりパン

ふわふわの生地に抹茶の風味をつけ、
相性のよいホワイトチョコを混ぜ込みました。
リング状につなげて焼くだけで、
趣向の違う仕上がりに。

[材料（1個分）]

強力粉 … 150g

抹茶パウダー … 小さじ1（3g）

インスタントドライイースト … 小さじ½（2g）

砂糖 … 大さじ1（10g）

塩 … 小さじ½（3g）

バター（食塩不使用） … 10g

熱湯 … 55g

牛乳 … 50g

ホワイトチョコチップ … 50g

牛乳(仕上げ用) … 大さじ1

一次発酵	冷蔵庫（10℃前後）	8〜12時間
二次発酵	40℃（オーブンの発酵機能で）	30〜60分
焼成	170℃	20分

[作り方]

❶ 生地作り 容器にバターと熱湯を入れてバターを溶かし、冷たい牛乳を加えてほんのり温かいくらい（40℃）にする。ドライイースト、砂糖、塩を加えて混ぜる。
強力粉、抹茶パウダーを加え、粉っぽさがなくなるまでゴムべらで混ぜる。

❷ 一次発酵 ふたをして冷蔵庫で8〜12時間、2倍くらいの大きさになるまで発酵させる。

❸ 具の混ぜ込み 生地にホワイトチョコチップを混ぜ込む（a）。

❹ 分割 生地の表面に打ち粉（強力粉・分量外）をふり、生地と容器の間にゴムべらを差し込んで一周する。台にひっくり返し、容器から取り出す。
生地に打ち粉をふって円形にととのえ、カードで6等分に切る。

❺ 丸め 生地の表面を張らせるように丸め、底をつまんでとじる。

❻ 二次発酵 オーブンシートを敷いた天板に、生地の間隔を1cmあけてリング状に並べる（b）。乾いた布をかけ、オーブンの発酵機能（40℃）で30〜60分発酵させる。2倍の大きさになればOK。

❼ 焼く 生地の表面に牛乳を塗って、170℃に予熱したオーブンで20分焼く。

a

b

道具のこと

この本で使うおもな道具です。気軽に作れるよう、手に入りやすいものを使っています。

保存容器

パン生地を作り、発酵させるときに使います。P9に記載の容量と高さに気をつければ、家庭にある使いやすいものでかまいません。

ゴムべら

保存容器の中で生地を混ぜるときに使います。へら部分と柄が一体になったタイプは、生地がはさまったり詰まったりしないので、使いやすいです。

カード

この本では、おもに生地を切るときに使っていますが、混ぜる、まとめる、取り出すなどにも使えます。シリコン製でよくしなるものがおすすめです。

デジタルスケール

1g単位で量れるデジタル式のもので、スイッチを押すと表示を0に戻せる機能がついたタイプがおすすめです。

計量スプーン

デジタルスケールがあれば不要ですが、この本ではスケールがない場合を考慮して、パン生地については大さじ・小さじ表記も載せました。多めにすくってすりきると1杯で、½などはすりきってから等分に筋をつけて余分を落とします。

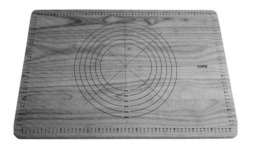

作業板

成形するときに使います。まな板で代用してもかまいません。

めん棒

生地をのばすときに使います。長さは30〜32cmくらいが使いやすいです。

ナイフ

生地に切り込みを入れるときに使います。ただし、よく切れるものを用意すること（切れないと生地が引っかかってよれてしまい、仕上がりが美しくないため）。よく切れるなら包丁でもかまいません。

キッチンばさみ

生地に切り込みを入れるときに使います。手持ちのものでかまいませんが、写真のような分解して洗えるタイプは衛生的でおすすめです。

オーブンシート

焼くときに天板や型に敷いて使います。シリコン樹脂加工がされているので、生地が天板や型にくっつかず、取り出しがスムーズです。

茶こし

仕上げの打ち粉をふるときに使います。粉を均等にかけることができます。

刷毛

卵や牛乳などを塗るときに使います。シリコン製のものが手入れがしやすく、毛が抜ける心配もありません。

布巾

ベンチタイムや二次発酵のときに生地にかけて乾燥を防ぎます。家にあるものでOKです。

(Advice) **オーブンについて**

これから購入するのなら、25L以上のもので、予熱と発酵機能のついているものが使いやすく、おすすめです。多くの機能がついているよりもシンプルなもののほうが扱いやすいでしょう。家庭用のオーブンは庫内が狭く、ヒーターやファンの近くは熱が強く当たって焼き色が濃くなり、場所によって焼きムラが生じがちです。パンの表面に色がついて焼き固まってから天板の前後を入れ替えて、調節しましょう。

材料のこと

パン作りに粉、イースト、塩、水は必ず必要ですが、
それ以外は作りたいパンによって用意しましょう。

強力粉

たんぱく質を多く含む小麦粉。パンの主材料で、打ち粉にも使います。一般のスーパーで手に入る「パン用」と記載のあるものならば、どれでもかまいません。

保存 開封後は口をしっかり閉じて保存袋に入れて密閉し、涼しく乾燥した場所で。梅雨から夏にかけては冷蔵庫へ。

薄力粉

たんぱく質の少ない小麦粉。この本ではメロンパン（→P100）のクッキー生地に使いますが、軽い食感を出したいときに強力粉にブレンドする使い方もあります。

保存 開封後は口をしっかり閉じて保存袋に入れて密閉し、涼しく乾燥した場所で。梅雨から夏にかけては冷蔵庫へ。

全粒粉

小麦を丸ごとひいた粉。米でたとえるなら、玄米のようなもの。素朴な味わいと、香ばしい風味が特徴で、かみごたえがしっかりしたパンが焼けます。ひき具合で粗い・細かいがありますが、好みでOKです。

保存 開封後は口をしっかり閉じて保存袋に入れて密閉し、涼しく乾燥した場所で。梅雨から夏にかけては冷蔵庫へ。

インスタントドライイースト

イーストにはいくつか種類がありますが、粉や水に直接混ぜ込むことができる「インスタントドライイースト」がおすすめ。この本ではフランス・サフ社の赤色ラベルを使っていますが、手に入るものでOKです。

保存 開封後は密閉容器に移すか、口をしっかり閉じて保存袋に入れて冷蔵庫へ。半年以上保存するのなら、冷凍庫がおすすめ。

塩

この本ではあら塩を使っていますが、普段使っているものでかまいません。

砂糖

一般的な白い砂糖の上白糖を使っています。三温糖、きび砂糖、甜菜糖など、好みで色のついた砂糖に変えてもかまいません。分量は同じでOKです。

水

水道水でOKです。この本ではぬるま湯（40℃）を使うので、温度設定を40℃にしておくと作業がスムーズです。

牛乳

成分無調整の牛乳を使っています。低脂肪乳や栄養を強化したものなどは好みで。

オリーブオイル

この本では風味のよいエキストラバージンオリーブオイルを使っていますが、普段使っているものでOKです。

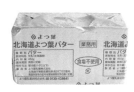

バター

この本では食塩不使用タイプ、有塩タイプの両方を使っています。生地に混ぜ込むときは食塩不使用タイプを使ってください。とくに指定がないものは、どちらでもかまいません。

ココアパウダー

チョコレート風味のパンを作りたいときに、生地に混ぜ込んで使います。砂糖や脱脂粉乳などが添加されていない純ココアを選んでください。

抹茶パウダー

高温で焼いても緑色があせないクロレラ入りのものを使っています。

(Advice) 混ぜ込む具の選び方

ナッツ

食塩不使用のものを選びましょう。おつまみとして食べる塩味つきのものと間違えないように。

Q ・ナッツやドライフルーツをたくさん入れたいです！ → P111

ドライフルーツ

オイルコーティングをしていないものがベスト。原材料名に油の記載がないものを選びましょう。オイルコーティングしているものしかない場合は、熱湯にくぐらせて油を洗い流してください。

チョコチップ

製菓材料店で手に入る、製菓用のものがおすすめです。焼いても溶けにくいので、焦げる心配がなく、チョコレートの味が楽しめます。

① インスタントドライイースト小さじ½が量りにくいです。

→ 紙の上で均等に分けましょう。

この本で紹介しているような時間をかけて発酵させる生地は、インスタントドライイーストの分量に少しの増減があっても影響は少ないので、気にしすぎなくて大丈夫です。小さじ½は1杯のだいたい半分というようにおおざっぱでかまいません。より正確にしたいなら、まず小さじですりきり1杯を量り、紙の上に広げて平らにします。次に目分量で均等に分割し、必要分を取りましょう。

② 粉に混ぜる水がぬるま湯なのはなぜ？

→ 一次発酵をスムーズにするためです。

ぬるま湯(40℃)を使うと、混ぜあがりの生地の温度は25℃くらいになります。これは、ほんのり温かい状態で、ちょうど「ねこのおなか」くらいの温度。冷蔵庫に入れる前の生地をこのくらいの温度にしておくと、冷蔵庫での一次発酵がスムーズに進みます。水が冷たいときは、熱湯を足して温度調節をしてください。ぬるめのお風呂くらいで、指をずっと入れていられる温度が適温です。

③ 冷蔵庫のどこに置くのがいい？

→ 10℃くらいのところに置いてください。

冷蔵庫で生地を発酵させるとき、置く場所の温度は10℃前後が理想です。野菜室の温度は約3～8℃で、冷蔵庫は約3～6℃なので、このどちらかに置きましょう。なお、4℃以下になるとイーストが休眠状態になって活動しにくくなるので注意してください。

④ 冷蔵庫で発酵させた生地はすぐに使わないとだめ？

→ 最長で2日間は保存が可能です。

8～12時間冷蔵庫で一次発酵させた生地は、冷蔵庫で2日までなら保存ができます。ただし、放置したままでは発酵が進みすぎてしまうため、いったん取り出してガス抜きが必要です。一次発酵が完了したら冷蔵庫から出してゴムべらで混ぜ、ふたをして再び冷蔵庫に入れ、2倍くらいの大きさにふくらむまで発酵させてください。一度発酵した生地は発酵能力が高まるので、3～4時間で様子を見るとよいでしょう。この「ふくらんだらつぶす」をくり返すと、最長で2日間は保存できます。

ふくらんだ生地をちゅうちょなく、大きく混ぜてつぶしてOK。再び発酵してふくらむので大丈夫。

⑤ 指定の時間になっても生地がふくらんでいないときは？

→ 生地を温めて理想の大きさにしましょう。

発酵が十分でないのは、生地の温度が低いためでしょう。生地を温めて発酵を促してください。

一次発酵なら（1）容器を40℃くらいのぬるま湯に15分以上あてる、（2）オーブンの発酵機能（40〜45℃）で15分ほど温める、（3）20℃くらいの室温に1時間以上おくなどして、指定の大きさになるまで待ちましょう。容器の底をさわって、ほんのり温かい状態になれば生地は発酵しはじめます。一次発酵をおろそかにすると二次発酵でもふくらみにくいので、一次発酵でしっかり発酵させるのが大事です。

二次発酵なら、再びオーブンの発酵機能で10〜15分ほど温めるか、温かい場所に置いて様子を見ましょう。天板が温かいと生地も温まりやすいので、天板が冷たくないかも確認を。

⑥ オーブンに発酵機能がないときは？

→ オーブンの余熱を利用しましょう。

オーブンを2〜3分予熱して庫内を温め、スイッチを切ります。2〜3分の加熱では、通常100℃までは上がらないので、このときの温める温度設定は何度でもかまいません。もし熱くなりすぎたら、オーブンの扉をしばらくあけて、庫内に手を入れ続けられる温度に調整してください。庫内が温まったら天板に並べた生地を入れ、指定の時間発酵させましょう。

⑦ 発酵がちょうどいいのか、見極めがわかりません。

→ テープを貼ると明確です。

冷蔵庫での一次発酵は発酵前の2〜2.5倍が目安の大きさです。そうはいっても2倍なのかがはっきりしなくて不安に思うこともあるでしょう。そんなときは、発酵前の生地の上面ラインにテープを貼っておき、発酵後の生地の高さと見比べるとよいでしょう。

二次発酵は生地のふくらみが最大になる一歩手前がベストな大きさで、発酵前の1.5〜3倍が目安です。二次発酵ではテープを貼れないので、天板に等間隔で並べたり、生地と天板の間隔を測っておいたりすると、発酵後の大きさがわかりやすいです。

発酵前の生地の上面に合わせてテープを貼る。発酵後はテープを目印にして2倍くらいの大きさになっているかを見る。

⑧ 切り込みを入れるのはなぜ？

→ 形を保つためです。

焼成中に生地の蒸気が外に出よう、出ようとするので、切り込みを入れないと、いびつな形に焼けてしまいます。そのため、切り込みを入れて蒸気を逃げやすくし、生地がスムーズにのびることができるように助けてあげます。とくに高温で焼くハードパンは、生地内の熱い蒸気が膨張して形がくずれやすいので、切り込みを入れます。

⑨ 天板に生地がのりきらないときは？

→ 2回目に焼く分は発酵を遅らせます。

この本のレシピは天板にのりきる量なので心配ありませんが、もし倍量作るなどして天板に並びきらない場合は、2回目に焼く生地の発酵終了時間を遅らせてください。具体的にいうと、二次発酵の前までの工程は同じですが、このあとが違います。1回目に焼く分はレシピ通りでOKで、2回目に焼く天板にのりきらない分の生地は室温に置いて、発酵が長くかかるようにしましょう。

⑩ 焼きが足りないときは？

→ 3つの方法を順に試しましょう。

オーブンによって加熱具合に違いがあるので、指定の時間で足りないときは、まず予熱時間を長めにしてから焼いてみてください。設定温度になると完了音がするかもしれませんが、それをくり返して十分に庫内を温めます。それでも改善されない場合は、温度を10～20℃ほど高く設定し、指定時間通り焼きましょう。まだ改善されないようなら、庫内のパンの焼き色を見ながら、1～10分くらい焼き時間を追加してください。

⑪ 焼けているかどうかがわかりません。

→ どんなパンでも10分以上は焼きます。

小さいパンでも10分以上は焼成時間が必要です。全粒粉のカンパーニュ（→P56）のように大きくひとつに成形して焼く場合なら、20分以上は焼く必要があります。この時間を過ぎたら、この本のできあがりの写真の焼き色と比べて判断してください。

⑫ 温め直しのコツは？

→ 予熱→3～4分焼く→そのまま2～3分。

オーブントースターやグリルはあらかじめ温めておき、パンを入れて3～4分焼いたら、そのまま庫内に入れたままにし、余熱で2～3分焼きましょう。冷凍したパンは室温で自然解凍して、同じように温めてください。

⑬ ナッツやドライフルーツをたくさん入れたいです！

→ 適した割合があります。

ナッツやドライフルーツは、多くても強力粉に対して70%までにしましょう。たとえば、強力粉150gなら、最大量70%入れるとすると105gが上限です。ただし、あまり入れると成形がしにくいので、はじめのうちは少なめがやりやすいでしょう。

全粒粉やココアパウダー、抹茶の混ぜ込み量にも適当な割合があります。これらは入れすぎるとふくらみにくくなるので、気をつけてください。

> ・全粒粉なら、強力粉に対し20〜30%
> ・ココアパウダーなら、強力粉に対し10%前後
> ・抹茶なら、強力粉に対し2〜5%

⑭ 強力粉の種類を変えてみたいのですが、何を見ればいい？

→ たんぱく質量をチェックしてください。

シンプルなパンほど小麦の味ができあがりに反映されるので、興味がわいたら粉の種類を変えてみると違いを楽しめます。パンに向く小麦粉は、たんぱく質量が11.5%以上の強力粉です。数字が上がるほどふくらみやすくて作りやすくなります。国産の強力粉はたんぱく質量が低いものがあるので、必ずパッケージの表記を確認してください。

> **栄養成分表示（100g当たり）**
>
> エネルギー365kcal　たんぱく質11.8g　脂質1.5g
> 炭水化物71.7g　食塩相当量0g

パッケージに記載されている左のような栄養成分表示をチェック。たんぱく質量が11.5%以上のものを選んで。

⑮ 残ったパンの保存の仕方は？

→ 小分けにしてすぐに冷凍を。

食べきれない分は保存袋に入れて密閉し、冷凍してください。かたまりが大きいパンは1回に食べる分ずつ切り分けて1枚ずつラップに包んで冷凍すると早く解凍できますし、食べたい分だけ取り出せます。日がたつとどんどんおいしさが失われるので、完全に冷めたら冷凍するのがおすすめ。早く冷凍すると、自然解凍するだけでもおいしく食べられます。

1食分に切ってからひとつずつラップに包んで冷凍を。

梅田みどり

料理研究家、野菜ソムリエ。「フードサロンやさいのひ」を主宰し、料理教室のほか、ケータリング、レシピ開発、メニュー開発などで幅広く活動している。2012年には無添加の健康パンを販売する「やさいのひベーカリー」を開店。好評を博すも、2018年に実店舗での販売に幕を下ろす。2018年よりYouTube「やさいのひチャンネル」でパンをはじめとするレシピの動画配信をスタートし、たちまち人気に。チャンネル登録者数は18.7万人（2023年8月）。再現性の高いレシピと、愉快で明るい性格にファンも多い。

（ YouTube ）

公式ホームページ	https://www.yasainohi.net/
YouTube	「やさいのひチャンネル」@yasainohi831
Instagram	@yasainohi_ch

STAFF

撮影	佐々木美果
スタイリング	河野亜紀
デザイン	藤田康平＋前川亮介（Barber）
校正	株式会社ぷれす
編集協力	荒巻洋子
編集担当	澤幡明子（ナツメ出版企画）

こねずに混ぜるだけ　やさしいパンづくり

2023年11月2日　初版発行

著　者	梅田みどり	© Umeda Midori, 2023
発行者	田村正隆	
発行所	株式会社ナツメ社	
	東京都千代田区神田神保町1-52 ナツメ社ビル1F（〒101-0051）	
	電話 03（3291）1257（代表）　FAX 03（3291）5761	
	振替 00130-1-58661	
制　作	ナツメ出版企画株式会社	
	東京都千代田区神田神保町1-52 ナツメ社ビル3F（〒101-0051）	
	電話 03（3295）3921（代表）	
印刷所	大日本印刷株式会社	
	ISBN978-4-8163-7443-2　Printed in Japan	

本書に関するお問い合わせは、書名・発行日・該当ページを明記の上、下記のいずれかの方法にてお送りください。
電話でのお問い合わせはお受けしておりません。
・ナツメ社webサイトの問い合わせフォーム
　https://www.natsume.co.jp/contact
・FAX（03-3291-1305）
・郵送（左記、ナツメ出版企画株式会社宛て）
なお、回答までに日にちをいただく場合があります。
正誤のお問い合わせ以外の書籍内容に関する解説・個別の相談は行っておりません。あらかじめご了承ください。

ナツメ社Webサイト
https://www.natsume.co.jp
書籍の最新情報（正誤情報を含む）は
ナツメ社Webサイトをご覧ください。